新.

体育あそび アラカルト

西村誠・山口孝治・桝岡義明 編著

昭和堂

まえがき

　「たくましく心豊かに育って欲しい」。親も先生方も、また社会全体が願い期待する子どもたちへの思いです。このたくましくの中には、強靭な身体とともに強固で活力に満ちた精神力をも含めた心身の強さを込めたものであり、心豊かには、情操、道徳心、思考力、創造性等のベーシック（basic）な要素とともに、自主的で自発的な活動力をも含めた豊かさを込めたものです。

　「ワンパクでもいい……」の言葉が多くの人たちの共感を呼び、これを現実のものにするために「はだし（素足）保育」「はだか（素肌）保育」を取り入れたり、都市部の園児が山村部に出かけていって自然の中で思う存分の活動経験をさせるための「山村短期留学」が行われたりしているのが現状です。また、各家庭でも「たくましいからだ」に育ってくれることを願うとともに、苦しさに耐え、くやしさや悲しさをたくさん経験させ、その結果として物事に一生懸命に取り組む気構えを備えてくれることを期待して、野外活動や水泳や武道に精励させるなども多くなってきているのが現状です。この意味からも幼児の教育は、領域「健康」を中核にして保育の展開がなされることが理解できると思います。

　本書は、領域「健康」の中心教材である「体育あそび」（後述）の内容を、より楽しく、より効果的に、より創造的に展開できるようにとの思いを込めて、日常の保育教材の中から適切なものを選び集大成したものです。先生方をはじめ、保護者の皆さんにも「体育的なあそび」の展開の一助になればと願いつつ……。

　「知をのせ、情をのせる車が体力である」「車体は身体、エンジンは体力、そしてこの車を安全に正確に運転する心豊かな人に当るのが知であり情である」などと、人の全体像や体力などを車に例えて説明されていることがあります。車は人間がつくりあげた乗り物として、一番身近なものとしてこのように例えられるのですが、非常に言い得て妙なことばだと思いませんか。子どもたちには、まず立派な車体をつくってもらい、次にたくましいエンジンを備えてもらう、その上にゆたかな知と情をもった運転手になってもらうことが大切なのです。

　子どもたちが将来に向かって、安全で快適で、存分にハンドリングを楽しむようなそんなドライビングをしてもらうことを願いながら、園はもちろんのこと日常生活においても望ましい学習の場をつくりあげたいものです。

目　　次

まえがき　　i

体育あそびは幼児に必要か　　1

実際編 ①　体育遊具を使った体育あそび　　5

1　体育遊具の利用法　　6

マット　　6

平均台　　8

跳び箱　　10

鉄　棒　　12

ボール　　14

ゴムひもやフープ　　16

パラバルーン　　18

凡例

Ⅰ…3〜6歳児を対象にした簡単な運動

Ⅱ…小学校低学年を対象とした簡単な運動

Ⅲ…小学校中学年を対象とした普通程度な運動

Ⅳ…小学校高学年を対象とした発展的な運動

A…1人でできる運動

B…集団で行う運動

2　体育あそびの実際　　20

Ⅰ．マットを使った体育あそびの考え方と指導の要点　　20

マットを使った体育あそび Ⅰ　　21

マットを使った体育あそび Ⅱ　　22

マットを使った体育あそび Ⅲ　　24

マットを使った体育あそび Ⅳ—A　　26

マットを使った体育あそび Ⅳ—B　　28

Ⅱ．平均台を使った体育あそびの考え方と指導の要点　　30

平均台を使った体育あそび Ⅰ　　31

平均台を使った体育あそび Ⅱ　　32

平均台を使った体育あそび Ⅲ　　34

平均台を使った体育あそび Ⅳ—A1　　36

平均台を使った体育あそび Ⅳ—A2　　39

Ⅲ．跳び箱を使った体育あそびの考え方と指導の要点　　41

跳び箱を使った体育あそび Ⅰ　　42

跳び箱を使った体育あそび Ⅱ　　43

跳び箱を使った体育あそび Ⅲ　　45

跳び箱を使った体育あそび Ⅳ　　48

Ⅳ．鉄棒を使った体育あそびの考え方と指導の要点　　50

鉄棒を使った体育あそび Ⅰ　　51

鉄棒を使った体育あそび Ⅱ　　52

鉄棒を使った体育あそび Ⅲ　　55

鉄棒を使った体育あそび Ⅳ—A1　　57

鉄棒を使った体育あそび Ⅳ—A2　　59

Ⅴ．ボールを使った体育あそびの考え方と指導の要点　　61

ボールを使った体育あそび Ⅰ　　62

ボールを使った体育あそび Ⅱ　　63

ボールを使った体育あそび Ⅲ　　66

ボールを使った体育あそび Ⅳ—A　　69

ボールを使った（簡易サッカー風）体育あそび Ⅳ—B　　72

タグラグビーにつなげる投げっこ、受けっこ Ⅳ—A・B　　74

ボールを使った体育あそび（簡易バスケットボール）Ⅳ—B　　78

ボールを使った体育あそび（ドッジボール）Ⅳ—B　　80

Ⅵ．ゴムひもやフープを使った体育あそびの考え方と指導の要点　　82

ゴムひもやフープを使った体育あそび Ⅰ　　83

ゴムひもやフープを使った体育あそび Ⅱ　　84

ゴムひもやフープを使った体育あそび Ⅲ　　87

ゴムひもやフープを使った体育あそび Ⅳ　　89

Ⅶ．なわを使った体育あそびの考え方と指導の要点　　92

なわを使った体育あそび Ⅰ　　93

なわを使った体育あそび（馬跳びなども含む）Ⅱ　　94

なわを使った体育あそび（馬跳びなども含む）Ⅳ—A　　96

なわを使った体育あそび（馬跳びなども含む）Ⅳ—B　　98

Ⅶ．パラバルーンを使った体育あそびの考え方と指導の要点　　100

パラバルーンを使った体育あそび Ⅰ　　101

パラバルーンを使った体育あそび Ⅱ　　102

パラバルーンを使った体育あそび Ⅲ　　105

Ⅷ．プールを使った体育あそびの考え方と指導の要点　　107

プールを使った水あそび　　108

プールを使った水あそび Ⅰ　　111

プールを使った水あそび Ⅱ　　112

プールを使った水あそび Ⅲ　　113

プールを使った水あそび Ⅳ　　115

実際編 ②　体育遊具を使わない体育あそび　117

Ⅰ．かけっこあそびの考え方と指導の要点　118

かけっこ Ⅰ　120

かけっこ Ⅱ―B1　125

かけっこ Ⅱ―B2　128

かけっこ Ⅲ　131

Ⅱ．跳びっこあそびの考え方と指導の要点　137

跳びっこ Ⅰ　139

跳びっこ Ⅱ　142

跳びっこ Ⅲ　145

跳びっこ Ⅳ　148

Ⅲ．表現あそびの考え方と指導の要点　152

表現あそび Ⅰ　153

表現あそび Ⅱ　158

Ⅳ．ケンパー・スキップなどのリズム・体育あそびの考え方と指導の要点　162

ケンパー・スキップなどのリズム・体育あそび Ⅰ　163

ケンパー・スキップなどのリズム・体育あそび Ⅱ　165

実際編 ③　園外あそび　167

園外あそびの重要性　168

1　近隣の公園・川堤・野原等でのあそび　169

ナズナのすずを使ったあそび／オオバコの力相撲／タンポポの風車　169

イタドリの水車／シロツメグサの冠と首飾り　170

松葉あそび／笛つくり　171

木の葉のうつし絵／押し葉　172

2　近郊の里山・河川等でのあそび　173

森の中の迷路あそび／自然探検／シダの飛行機　173

ドングリの独楽／落ち葉のステンドグラス　174

落ち枝のフレーム／ささ飴／ささ舟　175

タラヨウの葉で字（絵）を書く／コシアブラ・タカノツメの木で小刀をつくる／アオカラムシ・ヤブマオの葉でテッポウの音のあそび／ヤエムグラの勲章　176

体育あそびは幼児に必要か

1）体育と体育あそび

　体育をわかりやすく集約して説明すると「体そのものの教育」と「体の活動（運動）をとおして修得できる精神的・社会的・心的な教育」の2つの要素の発育・発達を目的とした教育であるといえましょう。保育課程には、学校教育のようにセパレートな教科や分野はありません。したがって体育という領域や用語は使われていません。しかし本著では身体活動を伴う各種の保育内容を、一義的にはそれらを「体育的」ととらえ、総称として「体育あそび」と呼ぶこととしました。このため本著の構成は、園の内外での諸活動を区分することにより、より実際に活用していただきやすいように編さんしました。

　本来、幼児が行う全ての身体活動は、発育・発達のための本能的な行為、行動ですが、外面的にはただ単に体を動かしたい欲求を満たしているととらえることができます。この欲求を満足させながら一定の学習目標を達成させようとする意図的な身体活動を「体育あそび」と称して、身体活動を主とした保育内容を理解しやすくすることとしました。幼児期の体育あそびは5領域の中で「健康」という領域で述べられ、「自分の体を十分に動かし、進んで運動しようとする」ことを「ねらい」としています。このねらいでは、幼児期の体育あそびには欲求（意欲＝「心の健康」）が大切であり、欲求があることが体を動かす身体の健康につながることを示しています。また、幼児期は生涯にわたる健康の基礎をつくるときで、年齢に応じた発育・発達を促し、健康的な生活には体育あそびが必要であることは明白です。しかし、今、子どもの健康を支える環境が良いとはいえません。生活習慣の乱れ、運動能力の低下が指摘されており、幼児期の健康を育むためには、生活を見直すことが必要とされています。この身体運動が上手く遂行されると、幼児期の欲求の大部分は満足されるものです。しかし、身体活動といっても指先だけの運動もあれば、全身を使って行う運動もあります。一般的に体育としての身体運動は、随意的な大筋運動であり、活発な関節運動であるとされていることからみても、「体育あそび」もその活動の多くは大筋群を使った運動（全身運動）であることが望ましいことはいうまでもありません。

　幼児にとっての体育あそびは、彼らの生活そのものです。このため鍛錬やトレーニングのように、体を鍛えるための目的的な行為や行動ではなく、活動欲求だけを持ち、誰かがやっているのを見て興味やただ楽しさをひたすら求めての行為や行動

だと理解しておくべきでしょう。このため体育あそびで大切なことは、勉強のように練習の結果や成果の楽しさだけがあれば良いのではなく、あそぶプロセスの楽しさが大切なのです。

これらのことから「体育あそび」を簡単な視点で集約すると、第一に、活動そのものが楽しいものであること。第二に、決してその活動が強制的なものでないこと。第三に、その活動の大部分は全身的な運動であること。このように体育あそびは、一言でいうと「楽しく活動することを中心に据えた全身的な活動をとおして行われる保育（教育）」なのです。

2）体育あそびの必要性

さて、ここで体育あそびにはどのような効果が期待できるのかを、皆さんと一緒に考えてみましょう。

人間は誰でも約140億個の脳細胞をもって生まれて来るといわれています。そして、その脳細胞は生まれてからは増えないし、また壊れても決して再生はされません。

生まれたときの脳細胞は白紙の状態で全くはたらいていませんが、成長するにつれての外部からの刺激がこの脳細胞に与えられて、結果として脳細胞同士がくっついて運動神経の回路や知的・情緒的回路が急激に形成されていきます。

この回路ができることによって頭で判断し行動することがはたらきだしていきます。したがって幼児期には外部からの刺激の与えられ方によって、どのようにでも神経の回路がつながっていくことになるのです。

皆さんは「オオカミに育てられた子ども（カマラとアマラ）」の話をご存じでしょう。この子どもたちはオオカミに育てられたために人間社会に復帰したときには、しゃべることができませんでしたし、他の生活行動もほとんどオオカミと同じでした。そしてその後に人としての生活行動の訓練をしても、ほとんど人間生活に復帰させることができませんでした。

このことは、人間でも発育・発達過程の必要な時期に必要な刺激の与え方、育て方によっては「オオカミにもなれば、天才にもなりうる」ことを示唆しているといえるでしょう。

一般的に人間の成長の過程からいえば、生まれてから3歳までは大脳の発達期、3歳〜5・6歳までは神経組織、つまり調整力（身体の支配能力）の発達期といえましょう。そしてこの期間を通じていえる主なことは、関節の柔軟さの保持と増進、リズム感覚の形成、大筋・小筋の巧緻性の発達、そして五感を中心とした知覚とそ

の反応が急速に拡大するということです。

　この時期に体育あそびをさせることは、それに関連する諸機能が刺激され、素晴らしい発達を促すことになるのです。

　しかしそれだけに、難しい点もたくさんあります。特に幼児の興味とその発育発達の状況を上手く結びつけていかないと逆効果にさえなり得ます。

　こういう点を十分配慮し、体育あそびを行わせるならば、リズム感、調整力、情操、社会性、知能など大きな成果をあげ、将来の人格形成にも大きな貢献をすることになるでしょう。これが「三つ子のたましい、百まで」と言われる由縁でもありましょう。

3）体育あそびをすることで期待される効果

　頭で考えたとおりに身体が動いてくれたらこんなに素晴らしいことはないでしょう。この頭で考えたとおりに身体が動かせるために使われる能力をまとめて調整力と呼んでいます。

　この調整力を高めるためには０歳～小学低学年までが最も効果があるといわれています。したがって幼児期および小学校児童前期には、この調整力を必要とする多様な身体の動きを経験させ、運動神経コンピューター（神経回路）に豊富な（多様な）データをファイルさせる（憶える）ことが大切なのです。

　幼児期には外部からの刺激によって運動神経の回路が多くつくられる時期であることを説明してきましたが、その回路の数は成人として完成した姿のほぼ80～90％に達するといわれています。

　幼児の運動神経を正しく開発させるためには、質の良い刺激を一定の順序立てと方向性をもって根気よく数多く与えることが大切です。

　適切な体育あそびからは主に次のような教育的効果が期待されます。

　　①各年齢の発育発達に応じた体力、運動能力の発達
　　②各年齢に応じた心理的あるいは性格的な形成を助長する

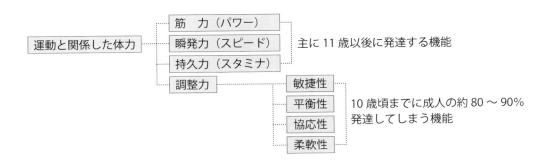

③集団行動、規律、人間関係など、社会性の習得に役立つ

④克己、忍耐、意欲、実践力など、精神力を養成する

その他、数えきれないほどのたくさんの効果がありましょう。しかし、これらの効果の前提は「体育あそびの指導が正しくなされた」ということにかかっています。そしてこの「正しい指導」ということは大変難しいことです。絶え間ない研究の継続と組織的な対処が必要です。望ましい効果は正しい指導によってのみ得られることを常に念頭においておきたいものです。

このことは、児童期においても同様であり、小学校教育においては「学習指導要領」で「道徳教育や体育を一層重視し、知、徳、体の調和のとれた人間性豊かな児童の育成を図ること」を根底におかれています。このため、具体的にはその総則の第1—3に「学校における体育に関する指導は、学校教育活動全体を通じて適切に行うものとする。特に体力の向上及び健康・安全の保持増進については、体育科の時間はもちろん、特別活動（児童活動・学校行事・学級指導のことを指します。）などにおいても十分指導するよう努めるとともに、それらの指導を通して、日常生活における適切な体育的活動の実践が促されるよう配慮しなければならない。」として、体育の重要性が示されています。

このことは、幼児期における体育あそびの必要性の延長であることを表わすとともに、幼児期においても園での活動のみにとどまらず、家庭や地域での日常生活においても、大いに体育的あそびを奨励するようにとの示唆でもあります。

ぜひ、幼児に「いい汗、いい喜び」を多く与えたいものです。

実際編

1

体育遊具を使った
体育あそび

1 体育遊具の利用法

2 体育あそびの実際

1 体育遊具の利用法

マット

1 衝撃の緩和

跳び下りたとき

2 ケガの防止

転落したとき

 留意点　衝撃緩和のためには、なるべく厚手のマットで、弾力のあるものが良い。

3 滑り止め

滑って危険

マット上だと滑らない

4 角ばったもののカバー

マットをかぶせると痛くない

 留意点　室内で跳び箱をする場合にも、跳び箱を直接床に置くと滑ることがあるが、マットの上におくと、若干、滑りが緩和される。
滑り止めには、ナイロン製よりも綿布製のマットの方が良い。

実際編① 体育遊具を使った体育あそび

心がけたいこと

5 濃い色のマットは熱くなりやすい

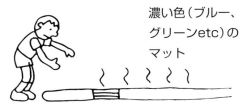

濃い色（ブルー、グリーンetc）のマット

日射しの強い季節には熱くなりやすい

 留意点

熱を吸収させないためには、白いマットが良い。

6 清掃や乾燥させよう

砂やほこりを払う　　陽に当てる（20〜30分）

 留意点

綿布製のマットは、やや湿りやすいので、時々、20〜30分、陽に当ててやると良い。
注：長時間、陽に当てると変色する場合がある。

7 損傷部は早めに修理しよう

ほつれを見つけたらすぐ修理する

留意点

マットの損傷で一番多いのは、縫い目のほつれ、ほころびである。

8 重すぎると持ち運びが大変

留意点

ショックの緩和や、滑り止めには大きく、厚くできたマットが良いのだが、あまり重すぎたり、厚すぎるのも困る。

望ましいマットの一例

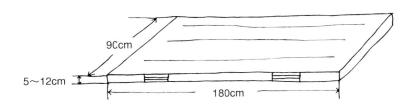

90cm / 5〜12cm / 180cm

1　体育遊具の利用法

平均台

1 台上を歩く、走る、跳ぶ、這う、ぶら下がって進む

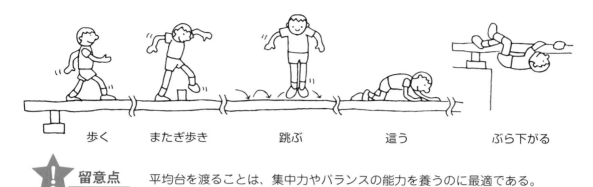

歩く　　またぎ歩き　　跳ぶ　　這う　　ぶら下がる

> ⚠ **留意点**　平均台を渡ることは、集中力やバランスの能力を養うのに最適である。

2 くぐる、乗り越える、跳び乗る、跳び下りる、跳び越す

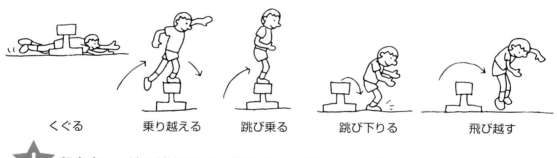

くぐる　　乗り越える　　跳び乗る　　跳び下りる　　飛び越す

> ⚠ **留意点**　渡るだけでなく、横にして上を越えたり、下をくぐったりもできる。
> このためには、35cm位の高さ、25cm位の台下間隔が欲しい。

3 坂道にして登る、下りる

4 橋にして渡る

> ⚠ **留意点**　低い高さばかりでは、慣れてくると、子どもの興味が薄れてくる。
> そんなときに坂道や橋が喜ばれる。

実際編① 体育遊具を使った体育あそび

心がけたいこと

5 幅は広すぎても、狭すぎてもいけない

（2台をくっつけることにより適当な幅が得られる）

慣れない子には

6 長さは3m以上欲しい

3m以上

 留意点　平均台は、慎重さや集中力を要し平衡感覚を養うことが特徴の遊具であって、幅は10～12cm、長さは3m以上欲しいものである。

7 表面の傷や砂、水滴に気をつけよう

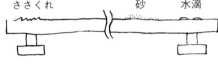

ささくれ　　砂　　水滴

見つけたらすぐけずる　　滑って危険

8 丸木の平均台は難しい

 留意点
トゲがささったり、滑ったりしないように注意する。

9 使い方によっては楽しくなる

望ましい平均台の一例

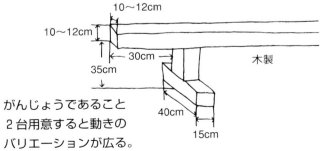

10～12cm
10～12cm
30cm
35cm
木製
40cm
15cm

がんじょうであること
2台用意すると動きの
バリエーションが広る。

1　体育遊具の利用法

跳び箱

1 跳び乗る、跳び下りる

2 跳び越す

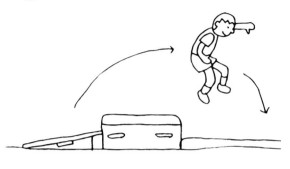

 留意点 慣れない子どもでも20cm位の高さには跳び乗れる。（多少の練習が必要であるが……）

3 台に使う

安定していて、高さが調節でき、上部が柔らかいので最適

4 馬跳び（腕立開脚跳び越し）

 **留意点** 馬跳びをするためには、跳び箱の安定性が絶対に必要である。

5 障害物にする

6 ボール当ての的にする

実際編① 体育遊具を使った体育あそび

7 荷物運び

かなり重い荷物になる
ボール等も運べる

8 2段目以下をトンネルにする

 留意点

跳び箱をバラバラにして、各部分を上手く利用すると面白い。

心がけたいこと

9 損傷部の修理

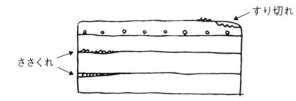

見つけたらすぐ修理する

⭐ 留意点

各段のつぎ目近くがよくささくれ立つ。マット部分のすり切れは、つき指などの原因になる。

10 踏切板を使うこと

踏み切りの力が強くなり、タイミングもとりやすくなる

望ましい跳び箱と踏切板の一例

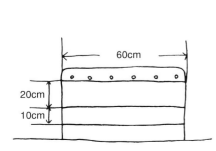
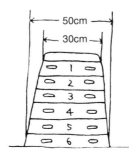
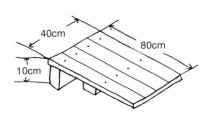

1 体育遊具の利用法

鉄　棒

1 ぶら下がる

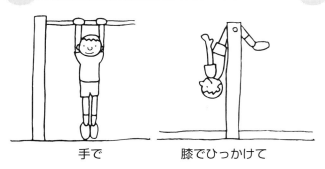

手で　　　　　膝でひっかけて

2 腕立姿勢をとる

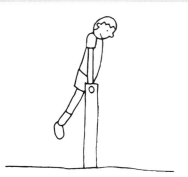

 留意点　地面から鉄の棒までの距離は、手でぶらさがるときは、身長より 10〜12cm 高く。膝でひっかけてぶら下がるときや腕立姿勢になるときは、肩位の高さが良い。

3 回転する

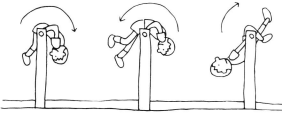

前回り下り　　逆上がり　　足かけ回り

 留意点　原則的には、前に回るときは逆手、後に回るときは順手が良いが、幼児は順手で良い。

4 棒上に乗る、跳び下りる

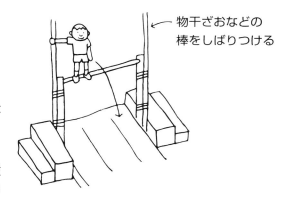

物干ざおなどの棒をしばりつける

5 くぐり抜ける

ジグザグ走のコースに

6 物をぶら下げる

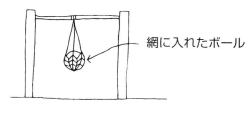

網に入れたボール

ボール当ての的、蹴る、打つの目標

実際編① 体育遊具を使った体育あそび

心がけたいこと

7 高さの調節は重ねたマットをおいて

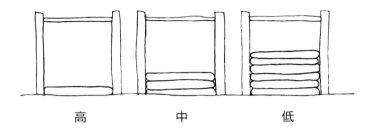

高　　　　中　　　　低

8 鉄棒の握り方

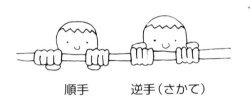

順手　　逆手（さかて）

留意点

握り方には、上からかぶせる（順手）、下から握る（逆手）の2つに大別される。順手と逆手が片方ずつのときは片逆手という。
幼児の場合は、5本の指をそろえて握って良いが、「横臥位からの逆上がり」をするときなどには順手の方が良い。

望ましい鉄棒の一例（固定式）

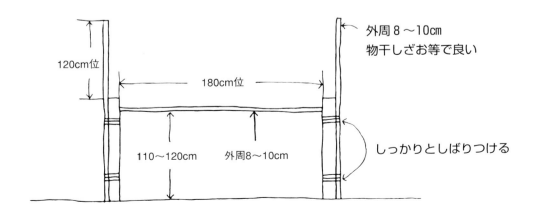

1 体育遊具の利用法

ボール

1 投げる

オーバースロー　　アンダースロー

 留意点　片手のオーバースローは、かなり難しい投げ方である。
（初めのうちは小さいボールで）

2 蹴る

かかとで　　　インサイドで

アウトサイドで　　足の甲で

 留意点　足の甲で蹴れるようになれば良い。

3 打つ

手で　　　　棒で

4 捕る

両腕　片腕　　　手の平・指だけで
かかえて

 留意点　最終的には指だけで、上手に捕れるようにしたい。

5 追いかける

留意点　何もないと、一生懸命走らない子どもでも、ボールをつかまえに行くときは、良く走る場合がある。

6 よける

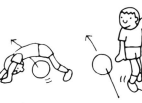　

 留意点　よけ方にもいろいろあるので、バリエーションをもたせて行うようにしたい。

実際編① 体育遊具を使った体育あそび

7 つく（まりつき）

両手で　　片手で

> **留意点**
> 「つく」ことは、子どもにとって難しい動作であるが、練習すればかなり上達する。

8 他の運動の補助用具

（例）リレーのバトンの代用

> **留意点**
> ボールの用途は無限である。

心がけたいこと

9 常に空気を入れておく

空気不足　　充分

はずまないし、転がらない

10 保管場所を決めておく（中が見えるもの）

> **留意点**
> ボールは、とかく園庭のすみ等に散らばりがちである。一定の場所に集めておいて、いつでも使えるようにしたいものだ。
> （また、ボールがよく見える保管器が良い）

用意したいボールの例

ビーチボール
 （大きくて軽いもの）

ドッジボール（直径16〜22cm）
○ （やや重く、固い）

ソフトボール（小学校用）
◎

バレーボール（中学校）
 （比較的大きく やや軽い）

テニスボール
○ 軟式用（やわらかい）
◉ 硬式用（やや硬い）

他に、ラグビーボールのような、だ円球も、子どもに喜ばれるものの一つである

ゴムひもやフープ

ゴムひも

1 弾力を利用したあそび

手や足で下ろして越える

両足先にひっかけて跳ぶ

2 くぐる

⭐ **留意点** スピードをつけてきて、くぐっても安全。ポールが倒れないようにする。

3 跳び越す、跳びつく（跳ぶときの目標とする）

高く

跳び越してくぐる

跳びつく

⭐ **留意点** 子どもは、どこまで跳ぶかという目標設定をすれば、それにタッチしようとして一生懸命跳びつこうとする。
跳び越しくぐりでは、速さを競い合うことを知らせる。
状況に応じて力をコントロールしたり、身体の姿勢を調整したりさせるのに有効である。

大型フープ

4 跳び込む、跳び出す

5 くぐり抜ける

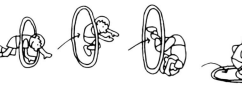

6 跳ぶ（なわ跳びの形で）

慣れると連続跳びもできる

7 バッタさんでグー・パー跳び

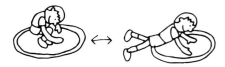

実際編①　体育遊具を使った体育あそび

小型フープ

8 パターンをつくる

ケンパー
（グッパー）跳び

バランス

> ⚠ **留意点**　パターンの変更や、円と円との間隔の調節が可能であり、パターンを多様化する。

9 輪投げ

その他の補助用具

10 玉入れのかご

30〜50cm
130〜160cm

・ボール入れに
・バスケットボールのゴールに

> ⚠ **留意点**　運動あそびの補助遊具としては身のまわりのあらゆるものが工夫して使える。

11 その他

・フラッグコーン

・牛乳パック
・タンバリン、太鼓
・机
・箱、カゴ、バケツ
・棒、ロープ
・ぬいぐるみ　など

用意したいゴムひも・フープの例

ゴムひも（白い平ゴム）
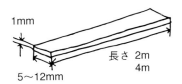
1mm
5〜12mm
長さ 2m 4m

大型フープ

50〜100cm

小型フープ

25cm

パターン用には細いロープを円形にしたものでも良い

1　体育遊具の利用法　17

パラバルーン

1 入る
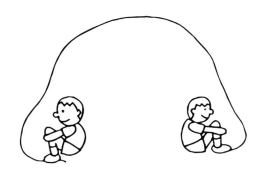

2 転がる

3 回る
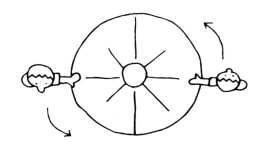

4 ボールを使って
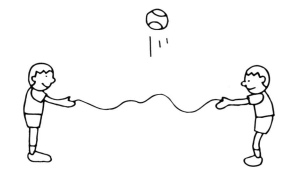

心がけたいこと

5 平らな地面、床、芝生などの上が最適

 留意点

大きな石やデコボコが多くある場所で行うと、パラバルーンに穴があくことがある。

18

実際編① 体育遊具を使った体育あそび

6 パラバルーンの上に砂や石ころなどを置かない

7 パラバルーンを持つときは、親指を下にする

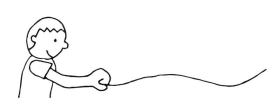

 留意点

親指を上にして持つと、そのうちに人差し指と親指で摘んだ状態となり、手から離れやすいことを伝え、親指を下に四指でまきこむように持つ（握る）ことを指導する。

望ましいパラバルーンの一例

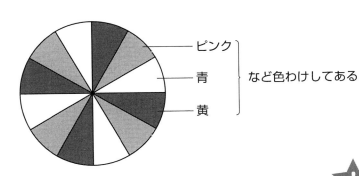

ピンク ┐
青　　├ など色わけしてある
黄　　┘

直径　7m
人数　30〜40人

 留意点

定められた人数よりも多い人数であそぶと破れることもある。

1 体育遊具の利用法 | 19

2 体育あそびの実際

Ⅰ．マットを使った体育あそびの考え方と指導の要点

1）マットを使った体育あそびの考え方

　マットは比較的安全な部類に入りますので、使いやすく、アレンジや工夫をすれば、いろいろな運動を行うことができます。マットあそびは幼児の調整力を高めるのに良いあそびです。

2）マットを使った体育あそび指導の要点

　幼児～小学校低学年にマットあそびを行う場合、マットの特性を活かし、他の遊具との組み合わせにより、自然の運動に近い遊具としても用いることができます。

　マットを使ったあそびは、子どもの調整力を高めたり、活動欲求を満足させることができます。マットを丸める、下に何かを入れ凹凸の障害物をつくる、角度をつけて坂をつくるなど、子どもが楽しめる環境をつくることができます。そして、マットを何枚か組み合わせたり、人数を多くすることによって、興味を持続させることもできます。ただし、マットだからといって油断は禁物です。子どもの身体的な機能の発達をよく把握した上で指導しなければなりません。

マットを使った体育あそび Ⅰ

1 くまさん歩き

（ねらい）体重の平面移動を中心にした四肢の感覚あそびを身につける。
・両腕で体重を支え、重心の移動する感覚をつかむ

体力要素：目と手と足の協応性

2 あざらしさん

（ねらい）両腕で体重の重心移動を身につける。

3 おいもさんころころ

マットの上を転がる（回転感覚）
・全身を伸ばしてゴロゴロ転がる
・丸虫さんになって横転を繰り返す

4 歩いてみましょう

歩き方のいろいろ
・小股で・大股で歩く　ペンギンさん歩き
・しゃくとり虫歩き
イチ、ニイー、サンで両足を両手にひきつける
もう一度大きくボーンと手を着いて、のくり返しをする

5 ジャンプしましょう

手の振り・両足屈伸・両足着地
・平坦なマットの上をピョンピョンピョン
・凹凸のマットの上を歩いたり跳んだり

マットを使った体育あそび Ⅱ

1 俵ごろごろ a

（ねらい）いろいろな「転がりあそび」を工夫し、回転感覚、方向感覚を身につける。

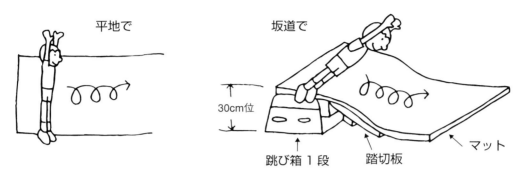

体力要素：動的バランス能力、巧緻性

 身体を棒のように伸ばすこと。
曲がらずに転がること。
両手は伸ばして、頭の上で組むと良い。

2 クマさんをした後に前転（でんぐり返し）

（ねらい）体をまるめて、小さく前へ回転しながら、起きあがるタイミングをとらえる。

平地で　　　　　　　　　　　　　　　　　　　坂道で

  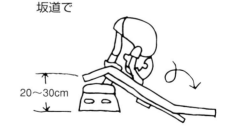

手は足の近くに　　頭を入れる

台の上から

 クマさんになって、頭をできるかぎり入れて、後頭部がマットにつく位にする。
「頭がおててのトンネルさんをくぐってるかな？」

実際編① 体育遊具を使った体育あそび

3 横転しながら障害物を越える（何でも乗り越えちゃおう）

人間ローラー

マット2枚重ね

何人かのグループになり、上になる人を除いてマットの上に寝転ぶ。
その上に1人が図のように乗る。
下になった人たちが同じ方向に転がってローラーのように上の人を進めていく。

 留意点

両手は、頭上で握って離さない。
「手をつかわないで頑張れ！」
「先生やお友だちが痛くないようにそっと越えてよ」

4 遠くへ跳ぼうa（両足踏み切り～片足踏み切り）

（立ち幅跳び）　　　（走り幅跳び）

その場跳び　　　　　　　　　　　　　助走して

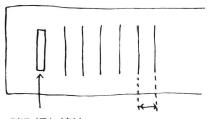

踏み切り線は、色ビニールテープを貼る

20cm間隔の印をチョークで書く

 留意点

助走のスピードを活かして跳べるようにする。
（片足踏み切り）

用具

マット（2～3枚）
踏切板などの板（坂道をつくるのに使う）
ビニールテープ（マットの上の印に使う）
チョーク（マットの上の印に使う）
跳び箱

2 体育あそびの実際

マットを使った体育あそび Ⅲ

1 俵ごろごろ b

（ねらい）他にもいろいろな回り方を工夫しよう。

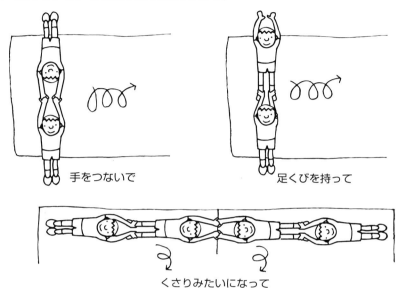

 留意点　ねじれないように　まがらないように　離れないように
2人でペースを合わせて転がれるように、「1、2、3、クルン」などと転がる。
タイミングを合わせるようにする。マットから、はみだしても良い。
「つよいくさりをつくるんですよ。切れないように」などと意識させる。

2 障害物を越えながら前転する

（ねらい）両肘をついて、頭の中に入れて、連続の回転感覚を身につける。

 留意点　「先生や友だちを踏んづけたら、かわいそうですよ」と話し、障害物にさわらないようにさせる。

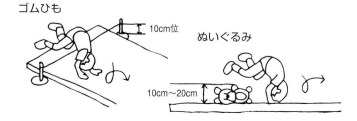

実際編① 体育遊具を使った体育あそび

3 2人で側転（補助あり側転）

先生の手は子どもの腰を支える
先生は膝立て座りで行う

4 精一杯遠くへ跳ぼうb（助走して片足踏み切り）

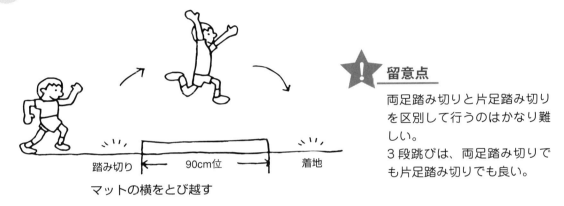

踏み切り ← 90cm位 → 着地
マットの横をとび越す

> ⭐ **留意点**
>
> 両足踏み切りと片足踏み切りを区別して行うのはかなり難しい。
> 3段跳びは、両足踏み切りでも片足踏み切りでも良い。

マットを2枚つなぐ（3m位）

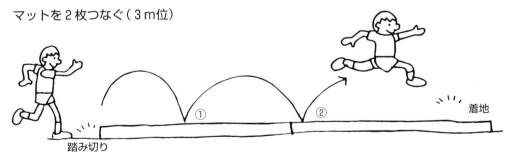

踏み切り ① ② 着地

何歩で向うまで行けるかな
3段跳び（数段跳び）

用具

マット
フープ（外周70～100cm）
ゴムひも（150cm位）
ウレタン積木（高さ10～20cm）またはぬいぐるみ
椅子2脚　ゴムひもを結びつけるのに使う
　　　　　他のもので代用しても良い

マットを使った体育あそび Ⅳ—A

1 1人で横転

（ねらい）回転することにより、回転感覚を身につける。

 留意点　両腕は頭上に、両足はそろえて伸ばす。

体力要素：動的バランス能力

2 回転

（ねらい）両膝をかかえて左右に揺らして、横転感覚を身につける。

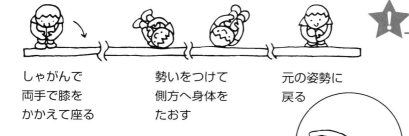

しゃがんで両手で膝をかかえて座る　　勢いをつけて側方へ身体をたおす　　元の姿勢に戻る

留意点

手を膝から離さないようにして起きること。
慣れないうちは、左図円内のような坂道でやってみるとやり易い。

3 正座→直立（素速く立とう）

（ねらい）座位から体幹を維持して立ち上がる能力を身につける。

マットの上で

 留意点　跳ぶときに、腕を下から上へ力一杯振って反動を利用する。

体力要素：敏捷性、巧緻性

26

実際編① 体育遊具を使った体育あそび

4 重ねたマット（2〜3枚）の上で前転

（ねらい）体をまるめて、小さく前へ回転しながら、起き上がるタイミングをとらえる。

ピョンととぶ（足とお尻をもち上げる）→頭を入れて前転

 留意点　少し勢いをつけて、両手をマットに強くたたきつけるようにして前転すると上手くいく。
両手はマットの手前（テープで印をつけておく）に着くようにする。

5 おがみ回り

（ねらい）両肘を着いて、頭の中に入れて、連続の回転感覚をつける。

①〜③をくりかえす。

6 お腹と足でボールをはさんで前転

お腹と足でボールをはさんで　　　　足でボールをはさんで

 留意点　起き上がるまでボールを落さないこと。
（帽子を両脚の間にはさんで落さないようにするのも良い）
ボールだけでなく、ぬいぐるみ等でも面白い。

用具

マット	ウレタン積木、ぬいぐるみ	ボール（小型…テニスボール位）
椅子（ゴムひもをしばる）	ボール（外周50〜70cm）	
ゴムひも（1m50cm位）	帽子	

マットを使った体育あそび Ⅳ—B

1 2人組（3人組）で前転（手をつないで）

（ねらい）2人で息を合わしてバランスよく回る。

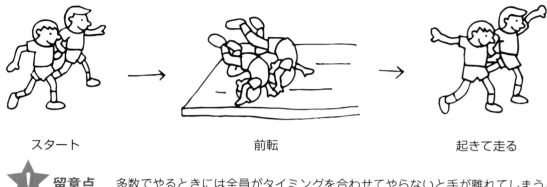

スタート　　　　　　　　　　　前転　　　　　　　　　　　起きて走る

 留意点　多数でやるときには全員がタイミングを合わせてやらないと手が離れてしまう。

2 後転（うしろ回り）

坂道で　　　手は耳のところで

腰かける　　　　　　　仰向けに寝る　　　　　　脚をもち上げ坂を回る

30cm位

実際編① 体育遊具を使った体育あそび

平地で

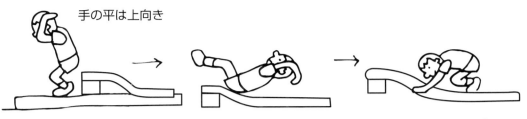

お尻はマットに　　　勢いをつけて、お尻から　　手でマットを押して立つ
つかないこと　　　　順につけて、後に
　　　　　　　　　　ひっくり返る

 ナイロン、ビニール等の材質のマットでは、子どもが滑り落ちてくることがあるので、肩のところをおさえて補助してやると良い。
手は耳のところ（肩の上）で、手の平を上に向けてかまえると良い。
真直ぐな後転が無理な子どもには側方に転がって立ち上がらせても良い。

3 平均台の上で前転

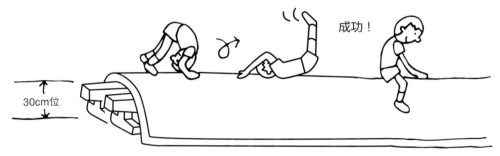

頭を入れてお尻を上げる　　　　　　　馬のりの形になる

 留意点

頭を入れて、身体を丸くすること。
気をつけて、ゆっくりと前転すること。
落ちても痛くないと説明すること。
平均台を2台横にならべて（太くして）使用する。

落ちた！（でも痛くないよ）

用具

マット　　平均台　　跳び箱（1～2段）　　踏切板

2 体育あそびの実際　29

Ⅱ．平均台を使った体育あそびの考え方と指導の要点

1）平均台を使った体育あそびの考え方

平均台では床より高く、限られた幅の台を移動したり、床と平均台との間をくぐり抜けたりしてあそびます。

身体のバランスをとりながら、はらばって前進したり、ハイハイや四つん這い、横歩き、継ぎ足歩き、前歩きなどいろいろ取り組みができます。それらを繰り返すうちに少しずつ平衡感覚が高まっていきます。

慣れてくると、平均台の上に障害物を置き、またいだりして変化をつけることで楽しさや達成感などを味わうことができます。

2）平均台を使った体育あそび指導の要点

身体のバランスは、歩くとき、走るとき、ハイハイをするときなど、重心移動をスムーズに行うときに役立ちます。幼児がよく倒れるのは、重心の移動が上手くいかないためつまずいたりするのです。バランス感覚の練習は、指導することにより能力は高められます。

指導する時には、座る・立つ・ハイハイ歩きなどのあそびから、遊具の組み合わせによる練習へと発展させることが望ましいです。

実際編① 体育遊具を使った体育あそび

平均台を使った体育あそび Ⅰ

1 はらばったり、四つん這いになって

平均台 2 台を合わせてその上を
・アザラシさんで前へ進む
・四つん這いになって前へ進む
（ハイハイ）

アザラシ　　　　平均台の上の部分だけを使って

体力要素：目と手と足の協応性、動的バランス能力

2 横歩き、継ぎ足歩き、前歩き

立って歩くときは視点が高くなり恐さを感じるので、
そのことを踏まえてマットを 3 枚下に敷く。
・カニさんになって横歩き
・継ぎ足歩き
・前歩き

3 平均台の下をくぐろう

1 台、2 台、3 台とくぐる距離を伸ばしていく。
・ほふく前進でくぐる
・仰向けでくぐる

用具

平均台　　マット

2　体育あそびの実際　　31

平均台を使った体育あそび Ⅱ

　子どもにとって平均台に上がれば、目の高さが高くなりますので、初めは誰でも「恐い」と思うでしょう。その恐怖感を少しずつやわらげ、バランス感覚を養うのが平均台あそびの大きな目的です。平均台、跳び箱、鉄棒などの用具を使う場合は、かならず指導者がつきそい、けがの防止に心がけましょう。

1 歩行 a

全員が一緒にできるような場をつくる。例えばフロワー（タイル）の板目を利用する。

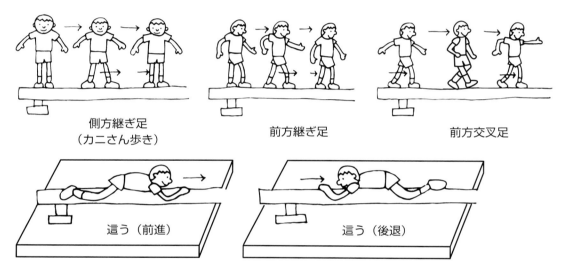

側方継ぎ足（カニさん歩き）　　前方継ぎ足　　前方交叉足

這う（前進）　　這う（後退）

体力要素：動的バランス能力

留意点　交叉足とは、普通の歩き方。
　　　　継ぎ足の方が交叉足より易しい。
　　　　巧技台、ベンチ、マット上の周りへと変化させていく。

2 四つ足歩き a（子どものクマさん）

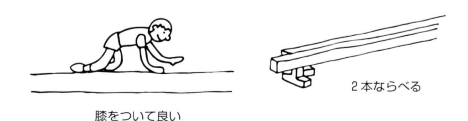

膝をついて良い　　　　２本ならべる

実際編① 体育遊具を使った体育あそび

3 カニさん歩き

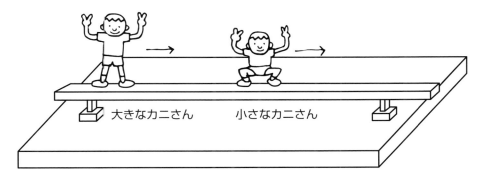

大きなカニさん　　小さなカニさん

4 跳び乗り、跳び下り

★ 留意点　踏み外したりすることが多くなるので、ふざけてやらないこと。
跳び上がったら台上で2～3秒止まってから跳び下りるようにすると良い。
「3つ数えてから、跳び下りましょう」
台上でポーズ（おサルさんになるなど）をするのも良い。
「おサルさんになってポーズをして、跳び下りましょう」

5 平均台の下をくぐる

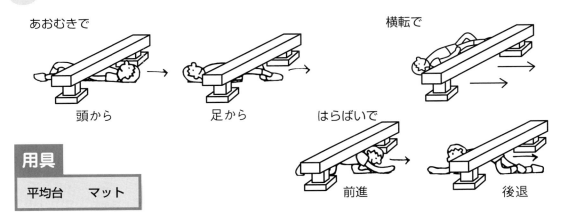

あおむきで　　　　　　　　　　　　　　　　横転で
頭から　　　足から
はらばいで
前進　　　後退

用具　平均台　マット

2 体育あそびの実際 | 33

平均台を使った体育あそび Ⅲ

1 歩行 b

留意点
上手になったら足もとを見ずに歩けるようにする。

2 四つ足歩き b

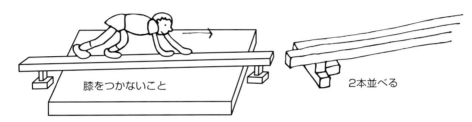

膝をつかないこと　　2本並べる

3 坂道登り

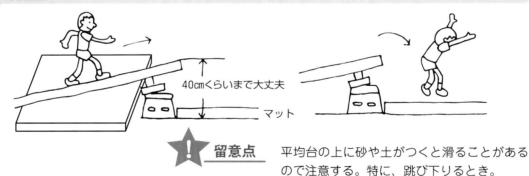

40cmくらいまで大丈夫
マット

留意点 平均台の上に砂や土がつくと滑ることがあるので注意する。特に、跳び下りるとき。

4 跳び乗り、向きかえ下り

平均台の幅は20cmくらい

片足で踏み切る　　跳び乗る　　180°ターンして　　両足で着地する

実際編① 体育遊具を使った体育あそび

5 90° 180°ターン

片足を前に上げ　　後に振り戻す　　振りながら、振り戻す足の方へクルリと回る

6 障害物をおく

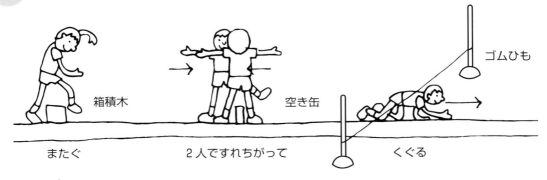

またぐ　　2人ですれちがって　　くぐる

⭐ 留意点　障害物は積木やゴムひもだけでなく、空き缶でも何でも使える。
多数の障害物を連続して越えさせても良い。
空き缶の中に小石を入れてガムテープで封をしておく。

7 平均台上で両腕支持左右連続跳び越し

⭐ 留意点

最初は片足ずつまたぎ越えるようにすると良い。慣れて来たら、両足そろえてできるようにする。

お尻と足を持ち上げてピョン

用具

平均台	障害物	跳び箱（1～2段）	またぐもの（ex. 積木）
マット	くぐるもの（ex. ゴムひも）		

2 体育あそびの実際　35

平均台を使った体育あそび Ⅳ—A1

1 小さいジャンプをして進む

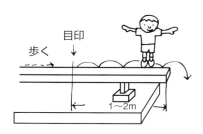

 留意点　踏み外さないようによく注意させる。
慣れないうちは目印まで歩いて1〜2mをジャンプして進むと良い。
最初は完全に跳び上らなくても良い。慣れたらジャンプしてできるようにする。

2 ジャンプ

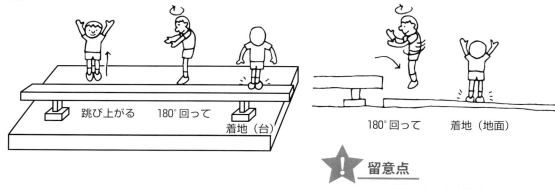

 留意点
台に着地する方が難しい。

3 かけ足、ケンケン

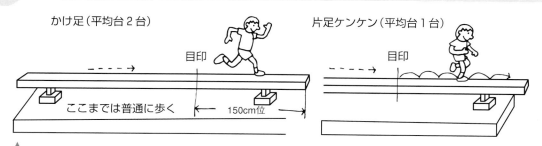

 留意点　かけ足やケンケンの場合でも、落ちないようにすることを強調してやらせる。
（初めのうちは平均台2台の幅で行うようにする）
慣れてきたら、かけ足やケンケンの部分を長くする。

4 荷物を持って

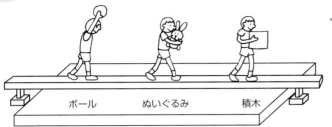

 留意点

小さい荷物は比較的易しい。大きいものは、自分の足もとが見えなくなるので、なかなか難しい。

5 くぐりながらまたぐ（さわらないように）

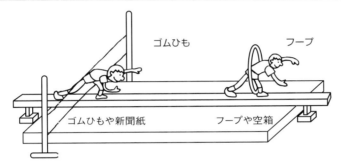

 **留意点**　ゴムひも、棒、フープなどの高さは、子どものでき具合に応じてだんだん高くしていくと良い。
幼児にとってチャレンジさせることは良いことであるが、危険を伴うことはやめた方が良い。

6 開眼棒上片足立ち a

留意点　「いくつ数えるまでがんばれるかな」と数人で競争しても良い。

7 開眼棒上片足立ちb

両手を台上につき
V字バランスをする

片足と両腕を台上につけて
片足上げバランスをする

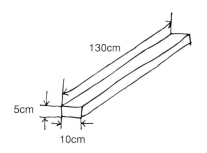

 留意点　「グラグラしたりしないでどのくらい長くがんばれるかな」
「1・2・3・4……」と数えると良い。

用具

平均台
テープまたはチョーク（目印に使う）
ゴムひも（1m 50cm 位）
棒（ゴムひもの代わりに使っても良い）
フープ（70 ～ 100cm）
荷物（積木、ぬいぐるみ、ボール等何でも良い）

実際編① 体育遊具を使った体育あそび

平均台を使った体育あそび Ⅳ—A2

1 跳び越し→くぐり抜けの連続

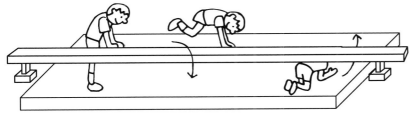

跳び越し→くぐり抜けの連続で前進する

 留意点 だんだんとスピードをつけてできるようにする。
片手だけ着いたり、手を着かずにすることもできる。

2 跳び乗り→跳び下りの連続

身体は側方（平均台の方）を向く

跳び乗り→跳び下りる→向き変えて→跳び乗り→跳び下りる
（以上を連続して、横方向に進む）

身体は前方を向く

 留意点 慣れてきたらリズミカルにスピードに乗ってできるようにする。

2 体育あそびの実際 | 39

3 坂道下り

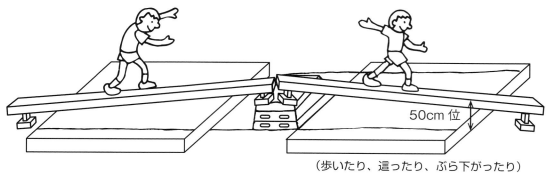

（歩いたり、這ったり、ぶら下がったり）

 平均台の坂道は、登りより下りの方が難しい。
平均台が2台あれば、
$\begin{pmatrix} 登り→下り \\ 下り→登り \end{pmatrix}$
の組み合わせもできる。

4 高い平均台を渡る（橋わたり）

 安全と安心のためにマットを敷く。
平均台の中央部で、補助する等の配慮をする。

用具

平均台
跳び箱（1～5段）
マット

Ⅲ．跳び箱を使った体育あそびの考え方と指導の要点

1）跳び箱を使った体育あそびの考え方

跳び箱は多機能であり、ストレートタイプと台型タイプがあります。つなげたり、何かに見立てたり、つもりになっていろいろな動きをしてあそんでいるうちに、揺れる感覚や自分の両手で支える感覚・よじ登ったり下りたりしながら逆さ感覚などを高めることができます。

2）跳び箱を使った体育あそび指導の要点

跳び箱あそびは立体的な運動を多く含んだあそびです。人間は生まれてから、転がる・這う・座る・立つ・歩く・走る・跳ぶという動作をしてゆきます。跳ぶという動作は、最後の動きなのです。

3歳後半から跳ぶことに興味を示すようになり、階段の2～3段より跳び下りたり、台の上から跳び下りたりします。

跳び箱あそびを指導する場合、多くのマットを用いて安全に注意して行うことが大切です。運動のリズムを大切にするため、できるだけ運動をとめないようにすることが大切です。また、全て両足跳びが基本となるので、両足跳びを十分習得させた上で行うと効果的です。

跳び箱を使った体育あそび Ⅰ

1 ゆらゆら

跳び箱の一番上の部分に入り、ゆらゆら揺らしてあそぶ。小さく・大きく揺らすことで揺れる感覚や自分の身体を支える感覚を身につけていく。

2 お山に登ろ!!

2段の跳び箱によじ登ったり下りたりを繰り返しながら、逆さ感覚や両手で身体を支える感覚を身につけていく。慣れてくると少しずつ高くしていく。

3 トンネルくぐり

跳び箱を縦・横に立てかけて、そこにトンネルに見立ててくぐってあそぶ。ハイハイしたり、四つん這いになってくぐることを経験しながら、トンネルを通過するときの束縛感や抜け出したときの開放感などを経験する。

4 乗り物ごっこ

電車やバスや船などに見立ててあそぶ。お尻移動をしながら前後に進んでいくことで全身を移動させる感覚を経験する。

実際編① 体育遊具を使った体育あそび

跳び箱を使った体育あそび Ⅱ

　跳び箱を使うあそびでは、子どもの発達レベルに合った流れを考えることが大切です。そのためには、着地の練習から入るようにしましょう。跳び箱を跳ぶ前に恐怖心を取り除き、足を踏み切るタイミングやリズムをつかむのにも役に立ちます。跳べるようになってくると、跳躍力と腕の支持力が身についてきます。

1 跳び上がり下り a

体力要素：目と手と足の協応性、バランス筋力

留意点

①②ともに両足踏み切り。跳び箱の高さは1～2段（20～30㎝）①で両足で台に跳び上がれない子は、片足ずつやっても良い。跳び箱の高さは、低くて良い。

2 スピードをつけた跳び上がり下り

できるだけ速く走る（①～②の間をできるだけすばやく）

 **留意点**　この場合、①片足踏み切り～②片足跳び上がりの方が良い。

2 体育あそびの実際 | 43

3 跳び越し

片足踏み切り　　　　　　　　　両足踏み切り

 留意点　　初めのうちは、先生が跳び箱の1段位の高さになって、跳び越えるようにする。跳び越すのが困難な子どもは、跳び上がり下りの形ではじめて、徐々に跳び越しをすると良い。
跳び箱の高さは1～2段（20～30cm）

用具

跳び箱（1～3段）
マット
踏切板

実際編① 体育遊具を使った体育あそび

跳び箱を使った体育あそび Ⅲ

1 跳び上がり下り b（下りるときにいろいろな空中動作をする）

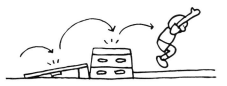

体力要素：リズム感、目と手と足の協応性

顔の前で手をたたく　　両足をたたき合わせる

足先に手で触れる
（難しければ膝でも良い）

 留意点

上図の他にも、お腹をたたく、肩をたたく等、いろいろな動作が考えられる。
何回手や足をたたけたか数えてやるのも良い。
足先に両手でさわるときは、お尻からマットに落ちてしまう子があるので注意する。

180°、360°回転して下りる

両手両足を同時にたたき合わせる

2 腕立伏臥跳び越し

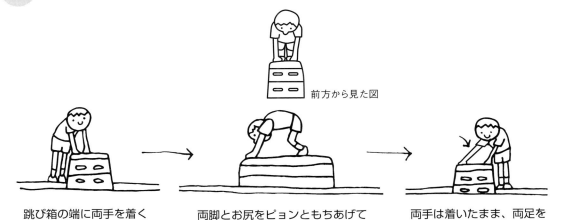

前方から見た図

跳び箱の端に両手を着く　　両脚とお尻をピョンともちあげて箱の上に乗る　　両手は着いたまま、両足を向う側へおろす

 留意点　跳び箱の高さは、2〜3段（30〜40cm位）。

2　体育あそびの実際

3 腕立伏臥跳び越しでゴムひもを越える

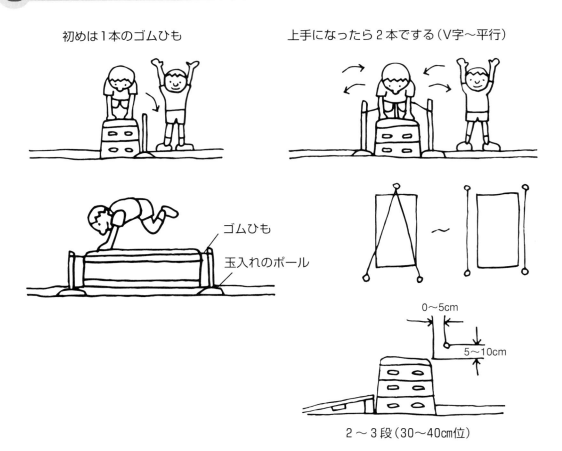

 留意点　「ゴムひもにさわらないように」
ゴムひもは、椅子や玉入れのカゴのポールにしばりつけると便利。

実際編① 体育遊具を使った体育あそび

4 腕立開脚跳び越し

初めのうちは、床上にて、両手を追い越せるようにする。

慣れないうちのやり方

両手を着いて跳び上がり、向う側へ両足をひろげて台の上に腰かける。

上手になったときのやり方

跳び越す

※手の着き方

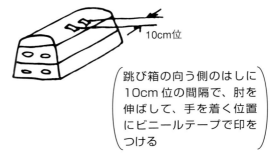

（跳び箱の向う側のはしに10cm位の間隔で、肘を伸ばして、手を着く位置にビニールテープで印をつける）

 留意点　腕立開脚跳び越しは跳び箱を上図のように横にした方が易しい。
手の着き方に注意。
最初は、跳び箱に腰かけることを目標にすると良い。
充分に慣れてくると、自然に跳び越せるようになる。両足踏み切り。

用具
跳び箱（1～4段） 踏切板 マット ゴムひも（1m50cm位） ポールまたは椅子2つ （ゴムひもを結びつけるのに使う）

跳び箱を使った体育あそび Ⅳ

1 跳び上がり下りc（ゴムひもを跳び越して下りる）

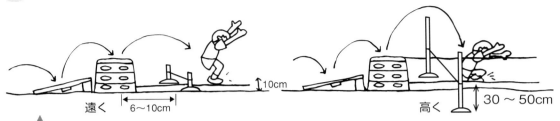

> **留意点** ゴムひもの高さは、子どもの能力に応じて適宜調節する。
> 跳び箱の高さは3〜6段（40cm〜70cm）位
> （跳び上がるときは、跳び箱に手を着いて上がっても良い）

2 フープをくぐり抜けて下りる

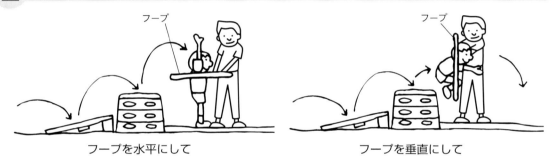

> フープの大きさは直径60〜100cm位
> 垂直にしたフープを抜けるのはかなり難しい。
> 低い跳び箱から徐々に練習すると良い。　　　　注：顔から落ちないように。

3 ボールをとりながら下りる

> 初めは、子どもが捕り易い位置に持ち、投げてやる。
> 徐々に難しくしていく。
> ボールを受けとる子が捕り易いように投げる。

実際編① 体育遊具を使った体育あそび

4 ボールを投げながら下りる

 留意点

身体が空中にあるうちに投げること。
初めのうちは大きめのフープを使うようにする。

5 目標物をたたきながら下りる

 留意点　たたく目標物は、タンバリンだけとは限らず、ボールやバケツなど何でも使える。
①②の発展として、下りる部分を限定することもできる。

6 腕立開脚跳び越し（高さ3段～5段）

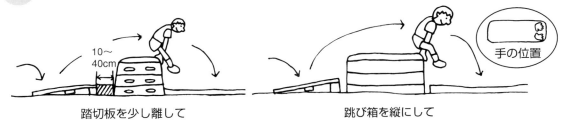

 留意点　助走のスピードを活かして両足踏み切り。踏切板を離した時は積木などを間に入れると良い。

用具

| 跳び箱（3～6段） | ボール | 玉入れカゴのポール×2（旗立て用のポール×2） |
| 踏切板　ゴムひも（2m位） | マット　タンバリンなど　フープ　棒 |

Ⅳ．鉄棒を使った体育あそびの考え方と指導の要点

1）鉄棒を使った体育あそびの考え方

　鉄棒は、ぶら下がったり足をかけたりする運動に利用します。例示のような運動で自分の身体を支える力や自分の身体をコントロールしたり、逆さ感覚や回転感覚など姿勢を制御する力が身につきます。また、握力が強くなり腕の筋肉や腹筋や背筋などにも刺激を与えていきます。高さは、両手を上に伸ばして届くぐらいのものから、子どもの胸から目の高さぐらいが適当でしょう。

2）鉄棒を使った体育あそび指導の要点

　鉄棒あそびは、立体的な運動が中心であり、高所、空中での身体のバランスが基本となり、そして回転運動が入ってきます。幼児はまだ腕の力・握る力が体重を長時間支えきれないので、回転運動では1回転まで、連続する回転運動は必要ありません。

　鉄棒あそびを指導するときは、手だけでなく、足、腹などで身体を支えるような運動で、空中でのバランスなどを養うことをねらいとしましょう。また、安全面の配慮として、鉄棒の下にはマットを敷くようにしましょう。簡単な動作指導の際には、手首を1点しっかりと補助するだけで事故は予防できます。

実際編①　体育遊具を使った体育あそび

鉄棒を使った体育あそび Ⅰ

1 鉄棒に座ろう!!

支えられて鉄棒の上に座ると、いつもより高いところが見えたり、鉄棒を軸にして前後左右に身体を揺らすことでスリルを味わい、逆さ感覚などを経験する。

体力要素：目と手の協応性

2 ぶら下がってみよう!!

両手で鉄棒にぶら下がったり、前後に揺らすことで、体重を支えコントロールし、制御する感覚が身についていく。干し布団のようにぶら下がってみるのも楽しいと感じるようになる。

3 足を掛けてこうもりだよ!!

鉄棒に両足を掛けてぶら下がる。全身の体重を支えたり空を見上げることで、今までとは違った視界が拡がり新たな発見をする機会にもなる。

体力要素：目と手と足の協応性、逆さ感覚

4 鉄棒を握ってジャンプジャンプ!!

鉄棒を握ったままジャンプを繰り返し、少しずつ高く跳べるようになると、いつの間にか跳び上がりができるようになる。

2　体育あそびの実際

鉄棒を使った体育あそび Ⅱ

　鉄棒は、腕の力をつけるには最適の運動用具です。まずは鉄の棒だけを使ったあそびを、いろいろと行って、次第に体験を増やしていくのがベストです。先生がついていてくれるという安心感の中で、楽しいあそびからスタートしましょう。

1 ぶら下がり

両手で前むきにぶら下がる

横向き

手と脚で（おさるさん）

 留意点 鉄棒の下には、必ずマットを敷くこと。

2 動物さん

膝を曲げて、両手でぶら下がる

何かの動物の真似をする
片手で頭をかくなど

再び両手でぶら下がる

 留意点 「誰が一番○○さんに似ているかな？」

3 横わたり

継ぎ手でわたる（このとき、五指全体を鉄棒に引っかけても良い）

4 振り跳び

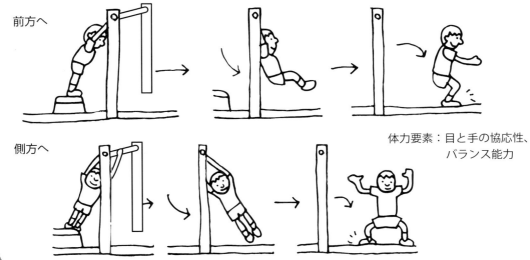

体力要素：目と手の協応性、バランス能力

鉄棒の下にはマットを1～2枚敷くと良い。すり傷（外傷）や打撲傷を防ぐことに役立つ。
鉄棒の高さは、子どもの背より少し高い位が良い。
振り始めの所には、跳び箱（1段位の高さのもの）などの台を置いてやるとやり易い。
側方跳びのときに、手を離す場合があるので、なるべく近くで補助してやる。

5 前回り下り a

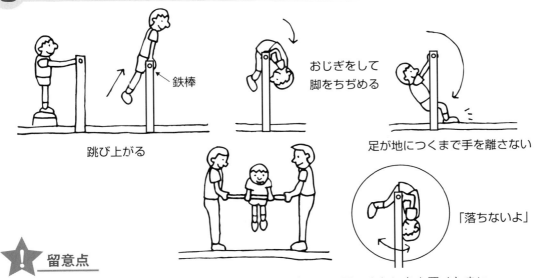

留意点

鉄棒の高さは、子どもの肩位の高さ。高い場合には、図のように台を置くと良い。
恐がって身体を硬直させてしまう子どもには、鉄棒の棒の部分だけにして、先生が両端を持って、左右に揺らす、（図の円内のような姿勢でも）絶対に落ちないから安心するようにと何回も教える。

6 横臥位からの逆上がり

両足で先生の
体の山を登って

お尻を持ち上げる

起き上がりと同時に両足を地面につける
（このとき両足を押さえて地面につけて
やるのも良い）

 **留意点**　両足が地面につくまで手を離さないように注意する。鉄棒の高さは、子どもの肩位が良い。

用具

鉄棒
マット
跳び箱など（台にする）

実際編① 体育遊具を使った体育あそび

鉄棒を使った体育あそび Ⅲ

1 振り跳びでゴムひも（あるいは目印）を越える

前方へ　　　　　　　　　　　　　　後方へ

体力要素：バランス能力、目と手の協応性

 留意点　　固定式鉄棒の高さは、子どもの身長より 10 ～ 20cm 高いと良い。
何回か身体を振って反動を利用する。
ゴムひもや目印は、だんだん遠く高くして難しさを増す。

2 後ろ跳び

両足が後ろに振れたとき両手で
鉄棒を押し離して後ろへ跳ぶ

 留意点　　鉄棒の高さは子どもの肩位の高さとする。
脚を振るときに手を離さないこと。
脚の振りと手の押し離しのタイミングをつかむこと。

3 前わたり

継ぎ手で　　　　　　　　　　　　　左右交互に

 留意点　　鉄棒の高さは子どもの身長より 10 ～ 20cm 高く。
最初のうちは、継ぎ手で進む方が易しい。

4 後ろわたり

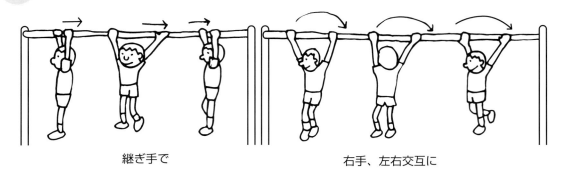

継ぎ手で　　　　　　　　　　　　　右手、左右交互に

5 コウモリ→コウモリで地面に手を着く

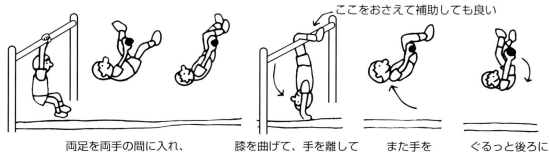

両足を両手の間に入れ、　　膝を曲げて、手を離して　　また手を　　　ぐるっと後ろに
お尻も持ち上げる　　　　　地面に手を着く　　　　　　もどす　　　　回って

 留意点　　固定式鉄棒の高さは、子どもの肩位が良い。両膝でしっかりと鉄棒をひっかけ、身体が安定したら手を離す。
（ゆれが激しいうちに手を離すと落ちることがある）

下りる

用具

鉄棒
マット
ゴムひも（1m50cm 位）
椅子、ポールなど（ゴムひもを結びつけるのに使う）
跳び箱（鉄棒の高さが合わない場合の台に用いる）

実際編① 体育遊具を使った体育あそび

鉄棒を使った体育あそび Ⅳ—A1

1 コウモリ→（逆立ち下り、前転）

しっかりと肘を伸ばす

逆立ち下り

頭を上げ、足を下ろす

前転

 留意点

逆さまになってついた両腕の肘をしっかりと伸ばさせること。
慣れないうちは、図の①足先の部分を軽くおさえて補助する。

ゆっくり足を抜きながら

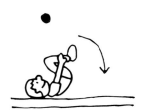

頭を入れて前転

2 足抜き回り（3人手つなぎで）

前回り下り

2人の保育者が子どもを間にはさんで手をつなぎ、足抜き回りをする

「つばめ」の姿勢をとり、おなかを鉄棒につけて、腕をしっかりと伸ばす

 留意点

鉄棒は子どもの肩位の高さ。自分の意志で身体の回転をコントロールすることを身につけさせる。
これが上手になると、ぶら下がったとき、足がつかないような高い鉄棒でも前回り下りができる。

2 体育あそびの実際 | 57

3 「やじろべえ」の起き上がり（補助あり）

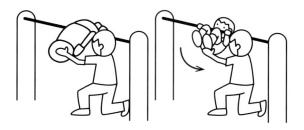

2～3回揺らす
（この際、手を離さないこと）

タイミング良く起き上がる

 留意点　初めての段階では、体が起きないうちに手を離すことがありますので、保育者が1人ひとり補助し、できる状況を確認する必要があります。

4 飯田式台付逆上がり

踏切版を
登っていく

おヘソをつけて
足を強く蹴り上げる

留意点

鉄棒の高さは、子どもの胸から
肩位が良い。

用具

鉄棒
マット
跳び箱（台に使う）
踏切板

実際編① 体育遊具を使った体育あそび

鉄棒を使った体育あそび Ⅳ—A2

1 跳び上がり

腰のところまで跳び上がる　　　　　　　　　　前回り下り

 留意点

鉄棒の高さは、最初は子どもの胸位とする。
徐々に高くしていく。
上手くなると身長位の高さまでは跳び上がれるようになる。
(鉄棒の下に跳び箱等の台をおいて高さを調節すると良い)

2 後ろ足抜き

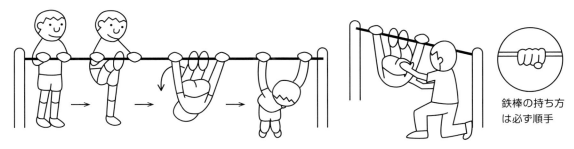

コウモリの姿勢から両足を抜く
慣れたら足をかけないで回る

 留意点

図のように鉄棒の支柱に長い棒をしばりつける。
鉄棒の高さは 100〜130cm 位まで大丈夫。
足が完全に下を向いた着地姿勢になるまで絶対に手を離してはいけない。
鉄棒の持ち方は必ず順手とする。逆手を持つと、回転途中で落ちてしまう。

3 逆上がり

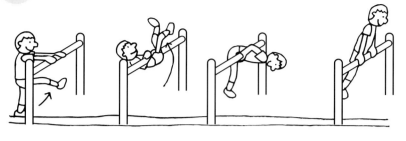

 鉄棒の高さは、最初は子どもの肩位が適当。
徐々に高くしてゆく。
補助は、足を持たずにお尻を支える。

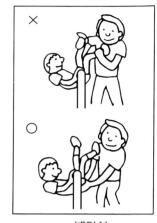

補助法

4 踏み越し下り（支柱を利用してやる）

腰まで上がる

逆手の方が良い

支柱につかまり片足をかける

かけた足を伸ばし支柱の手を離す

 これは相当難しい運動であるが、上図のように、鉄棒にすこし改造を加えると幼児でも可能となる。慣れてくると、支柱に頼らなくてもできるようになる。

この手は最後まで離さない

こちら側に乗り越えて下りる

用具

鉄棒
マット
跳び箱
長い棒（鉄棒の支柱にしばりつける）
積木（台に使う）

実際編①　体育遊具を使った体育あそび

Ⅴ．ボールを使った体育あそびの考え方と指導の要点

1）ボールを使った体育あそびの考え方

　子どもたちは、ボールあそびが大好きです。1〜2歳の頃から、転がるボールに興味をもち、ボールに積極的にかかわろうとします。3歳頃になり活発に動けるようになると、ボールを転がしたり、投げたり、蹴ったりしてボールに果敢に働きかける楽しさを味わうようになってきます。そして4〜5歳にもなると仲間とチームを組んでボールゲームに夢中になり、さまざまなバリエーションを創り出し、取り組むようになり、ボールゲームの魔法にかかって（虜になって）しまいます。

　ボールあそびの楽しさは「ボールを扱う（働きかける）楽しさ」と「仲間に働きかける楽しさ」の2つの楽しさがあります。

　「ボールを扱う（働きかける）楽しさ」とは、ボールを自分だけのものにする楽しさとボールを自由自在に思いどおりに扱う楽しさということです。動くボールを追いかけたり、転がってくるボールを受け止めたり、ボールと一緒に転がったりしてボールを自分だけのものにする段階から、ボールを弾ませたり、投げたり、蹴ったり、受け止めたりするボールを操る楽しさを味わう段階へと発展していきます。

　ボールあそびでは、この2つの楽しさを味わうことを目的としてボールに関わることを生活の中に取り入れて、充実した運動生活をつくり出せるような保育内容や教育内容を工夫していくことが求められます。

2）ボールを使った体育あそび指導の要点

　ボールあそびをする際に、すぐに興味・関心を示す子どももいますが、あまり興味を示さずに友だちがするのを見てから、やり始める子もいます。これは、個々人の子どもの生育歴の中で、どのようにボールとかかわっていたか、ボールあそびの楽しみ方をどのようにしてきたか、ボールでどのようなことができるようになってきたのかという子どもたちのボールあそびへのメッセージなのです。

　このようにボールあそびへのさまざまなイメージをもった子どもたちが、どの子も「自分の思いどおりに扱いができるようになりたい。上手くなりたい。楽しさを味わいたい。」と願っていると思います。つまり、ボールあそびの得意な子も苦手な子も願っていることは同じなのです。

　したがって、子どもたち一人ひとりが「こんなことができた。ああ、楽しかった。またしたい。」と言えるようなボールあそびの内容と方法を工夫することが大切です。

2　体育あそびの実際

ボールを使った体育あそび Ⅰ

1 大型ボールに乗ってみよう

大型ボールに腕や脚を乗せる動作をしたり、お腹や背中やお尻で乗ってあそびながらバランス感覚を身につけていくことができる。身体が宙に浮く感覚を楽しむことができる。

体力要素：バランス能力

2 転がす・受ける

いろいろな大きさやかたさのボールをコロコロ転がしたり受けたりしてあそんでいるうちに、誰かが相手になって反応を示すことで他者との関係が成立し、一緒にあそぶ楽しさを経験していく。

体力要素：目と手の協応性

3 投げる・受ける

投げて投げ返されると反射的に受ける動作をし、お互いに投げる・受けることを繰り返して楽しむ。だんだん遠くへ投げたり強く投げたりして全身を動かすことにつながる。

4 蹴ってみよう

子どもたちは、転がってきたボールに対して、蹴ることを楽しむ。

実際編① 体育遊具を使った体育あそび

ボールを使った体育あそび Ⅱ

　ひとくちにボールあそびといっても、転がす、投げる、つく、捕る、蹴るなどの基本動作があり、それだけでも豊富なバリエーションの運動が可能です。相手が必要な種目も多いので、それぞれの状況に応じてボディコントロールが必要なケースもたくさんでてきます。将来ボールを使うスポーツをする際、ボール扱いの基本動作を通して養う感覚が役に立つと思われます。

1 受けとるa（2〜3m位から先生が投げる）

留意点

フライボールやバウンドボールを投げるときは、子どもの胸のところ（受けやすい）を目がけて投げる。ボールは直径15〜25cm位が良い。バウンドボールの場合「いくつ目でとれるかな」と、なるべく早いバウンドで捕るようにしむけると良い。

2 追いかけて捕るa（先生が投げる）

3 自分で投げて追いかけて捕る

◆バウンドキャッチ
ボールを前方の床に強く打ちつけ、バウンドさせて落ちてくるところに走って受ける。
右、左などいろいろな方向を決めて、バウンドさせて受ける。

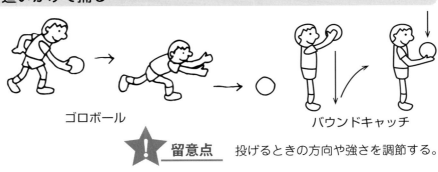

留意点　投げるときの方向や強さを調節する。

4 ボール入れ a

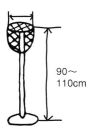

直径30〜40cm

90〜110cm

網の下の部分を抜いてボールがでてくるようにすると良い

投げ方

ボールの軌跡
① ②

留意点

ボールが入り易い軌跡はどれが良いかを考えられるように働きかける。子どもでは図②のような失敗が多い。

投げ方

両手アンダースロー

片手アンダースロー

両手オーバースロー

5 ボール入れ b（小さいボール）

軟式テニスボール
（的当て投げ）

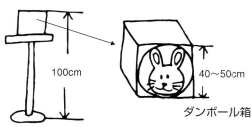

100cm

40〜50cm

ダンボール箱

留意点

小さいボールとしては、テニスボール、ソフトボールなどが良い。

投げ方
片手アンダースロー　片手オーバースロー

実際編① 体育遊具を使った体育あそび

6 まりつきa（両手、その場で）

両手でまりを　　（基本）はね返ってくる　　（応用）1回手をたたいてから受ける
床に投げる　　　　ボールを捕る

 留意点　（基本）
慣れてきたら、できるだけスムーズに。
つく→捕る→つく→……

（応用）
つく→手をたたく→捕る……
を繰り返させるようにする。

7 まりつきb（両手、走りながら）

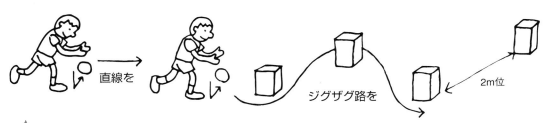

 留意点　速く走るよりも、上手に、ついて→捕るをくり返すことができるようにする。

用具

ボール（大）（直径15〜25cm）
ボール（小）（テニスボール位）
玉入れ用のボール
積木など（ジグザグ路の障害物とする）

2 体育あそびの実際 | 65

ボールを使った体育あそび Ⅲ

1 受けとる b（3〜5m離れたところから子どもの身体の正面に投げる）

ゴロボール

ボールを背中から投げあげて、前で受ける

 留意点　ボール（大）（直径15〜25cm）

2 追いかけて捕る b

 →

用意・ドン

2〜3m前方に投げる

 最初は何回かバウンドしてから捕まえても良い。
慣れるにしたがって、ノーバウンドで捕球できるようにする。

3 ゴムひもの向う側へボールを投げる

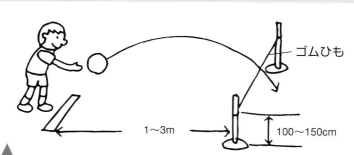

・両手アンダースロー
・両手オーバースロー
・片手アンダースロー
・片手オーバースロー

ゴムひも

1〜3m　　100〜150cm

留意点　投げ方は、初めのうちは子どもの好きな投げ方で良い。
徐々に投げ方を指定すると良い。
ゴムひもに限らず、ついたて、机等の向う側へ投げても良い。

実際編①　体育遊具を使った体育あそび

4 的当て（ボールは大きいもの、小さいもの両方でやる）

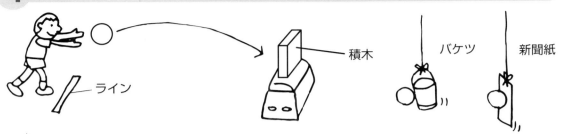

⭐ 留意点

初めは、近くから投げ、だんだん遠くする。的は、ボールが当たったとき音がしたり、ひっくり返ったり、動いたり、破れたりする材質のものを使う。

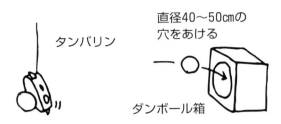

5 両足でボールをはさんでピョンピョン跳び

落とさないようにする
落ちたら拾ってやり直しをする
だんだん高く跳んでいくようにする

6 まりつきc（片手で、その場で）

⭐ 留意点

最初はボールをかかえこむようにしても良いが、上手になったら手の平だけで捕れるように。図の円内のように直径1〜2mの制限円の中でやらせても良い。リズミカルにできるようにする。
1回つくと同時に1回両膝を曲げることもできるが、難しくなる。

2　体育あそびの実際　67

7 まりつきd（片手でボールをついて走りながら）

直線を　　　　積木と積木のジグザグ路を

8 ボール蹴りa

置いたボールを　　自分で前方にはずませたり、転がしたボールを　　転がしてもらったボールを蹴る

留意点

ボールはドッジボール（1～3号）や中学校用のバレーボール等の軽いものが良い。
図の円内のように、足の甲で蹴れるようにする。

用具

ボールの大きさは直径 15～25cm
ビーチボール
テニスボール
ゴムひも（3m位）
跳び箱
テープまたはラインカー（ラインを引くのに使う）
積木（ジグザグ路に）
新聞紙、バケツ、タンバリン、ダンボール箱（ボール投げの的）

実際編① 体育遊具を使った体育あそび

ボールを使った体育あそび Ⅳ―A

1 受けとる c（ゴムひもの向う側で捕る）

①先生が投げて子どもが捕る 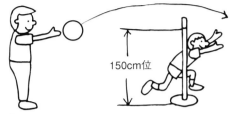　　　②子どもが投げて先生が捕る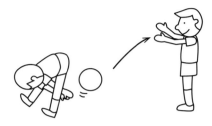

 留意点　大きいボールではじめ、小さいボールでもできるようにする。バーの高さは1～1.5mと変化させる（1mのときは投げ易いが、くぐるのが難しい）。

2 ボール入れ c（高いところへ）

 留意点　大きいボールでも、小さいボールでもできるようにする。いろいろな投げ方でやってみる（オーバースロー、アンダースローなど）。

3 ボールを投げ、はね返ってくるボールを捕る

 留意点　大きいボール（ドッジボール2号位）小さいボール（ドッジボール0号位）それぞれでやってみる。

4 ボールで当てっこ

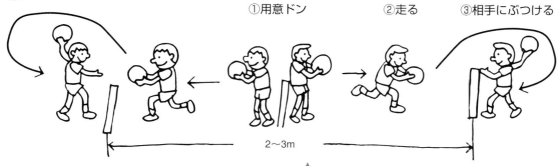

ルール
①背中合わせに立つ
②始めの合図で向う側のラインまで全力疾走
③ラインを越えたらふり返って相手に当てる

留意点
ボールは、ビーチボールかバレーボールが良い。

5 足で止め、手で持って帰ってくる

 いろいろな止め方を考える。
ドリブルでは、ボールが足より離れすぎないように。

6 サッカーのドリブル

足で八の字をつくり
その中にボールを
入れてドリブルする

留意点 大きく蹴とばしてしまうのは失敗。少しずつ確実に進む。

実際編① 体育遊具を使った体育あそび

7 ボール蹴り b

置いてある
ボールを

自分で
はずませた
ボールを

投げてもらって
（ゴロボール）

 留意点　ボールは普通のドッジボールで良い。
外周（50〜70cm）
投げてやるときは、子どもの左右に
投げる。

投げてもらって
（バウンドボール）

8 まりつき e

受けとらないで
連続してつけるように

制限円（直径1〜2m）
内で何回つけるかな

 留意点　ボール外周（50〜70cm）。ボールをたたかないで、おさえるように
つければ理想的。

用具

ボール（大）（外周50〜70cm）
テープまたはラインカー
ボール
積木、障害物
ゴムひも（3m位）
ボール（小）（テニスボールなど）
玉入れのボール

ボールを使った（簡易サッカー風）体育あそび Ⅳ—B

1 最も簡単なルールのサッカー

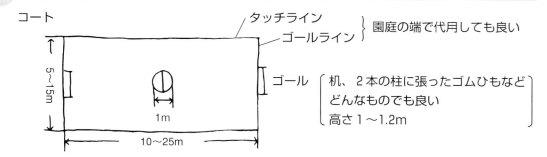

ルール
①図のようにして、ボールを蹴り合ってゲーム開始。
②ボールを蹴り進めて、相手ゴールに入れたら（当てたら）1点。

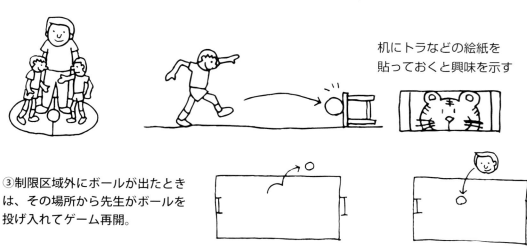

机にトラなどの絵紙を貼っておくと興味を示す

③制限区域外にボールが出たときは、その場所から先生がボールを投げ入れてゲーム再開。

④乱暴をしない（押したり、蹴ったり、たたいたり、ひっぱったり）。
　このときは、先生がボールを投げて、ゲーム再開。
⑤先生の笛が鳴ったら、ただちにゲームを中断する。

 留意点　タッチライン、ゴールラインの長さは、園庭の広さとの関係で適宜に決めて良い（図中参照、目安）。
チームの区別をはっきりするため、紅白帽子、はちまき等を用いると良い。
先生が笛を吹くのは
　（1）ボールが外へ出たとき　　（2）得点したとき
　（3）乱暴な行為があったとき　（4）試合時間が終了したとき
試合時間は5～7分　1チームの人数は6～11人。

実際編① 体育遊具を使った体育あそび

2 複雑なルールのサッカー a

コート
1とほぼ同様、ただしゴールエリアを設ける

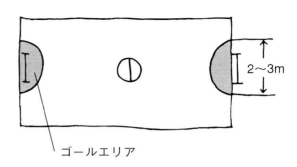

ルール（1と相違する点）
①守る側も攻める側もゴールエリアに入ってはいけない。
②ゴールエリア内に止まったボールは、先生がゴールエリアの外に出してゲーム再開。

 留意点　ゴールエリア
　　　　　　　　直径2～3mの半円形
　　　　　　　　ほぼ同様の広さの長方形
　　　　　　　　バーの高さは1～1.5m位

3 複雑なルールのサッカー b

コート
2と同じ

ルール（2との相違点）
①ゴールキーパー（各1名）をつける。
②ゴールキーパーはゴールエリア内に居て、手を使って守ることができる。
③ボールが外に出た場合は、出した側ではない方のチームの者がタッチラインから投げこんでゲーム再開。

 留意点　ゴールエリア内には、ゴールキーパーを除いて守る者も攻める者も入ることはできない。（ルールの設定）
　　　　　　　　ゴールキーパーは交代制にすると良い。
　　　　　　　　ボールを出した場合、相手方のボールになり、スローインで投げこむ。

用具

笛
ラインカー
ゴールにするもの（机、ゴムひも、バーなど）
ボール（直径15～25cm）
紅白帽子またははちまき

2　体育あそびの実際

タグラグビーにつなげる投げっこ、受けっこ Ⅳ―A・B

1 両手アンダースロー

1. 両手アンダーハンドパスで上に投げっこ

その場に座ってするあそび。
両手でボールを持ち、真上にどれだけ
投げ上げられるか。

2. 両手アンダスローで受けっこ

上から落ちてくるボールを両手で受けとる
あそび。

3. 両手アンダースローで投げっこ受けっこの連続

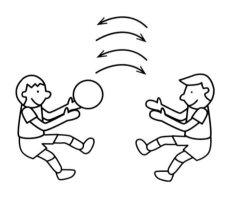

・向い合って座って両手アンダースローで投げたり、受けたり連続して行う。
・だんだん間を離す。だんだん高く上げる。

4. 両手アンダースローと手拍子

足を開脚して座り、その場でボールを
両手で上に投げ上げ、ボールが真上に
ある間に、手拍子を何回できるか。

投げ上げる　　　手拍子　　　ボールをキャッチ

実際編① 体育遊具を使った体育あそび

2 両手アンダースロー（連続、2人組）

1. 歩きながら、自分で投げたボールを両手キャッチ

前方向に歩きながらボールを前方向に両手で投げ上げ、止まらないで次のラインまで落とさないように進む。

2. 向かい合って投げっこ、受けっこの連続

向い合って両手で相手に投げ合い、だんだんと2人の距離を離していく。

3. 2人組で、歩きながらパス

2人組で、歩きながら真横に、両手でパスをしながら次のラインまで落とさないように進む。

4. 走りながら2人組でパス

2人組で、前方に走りながら、真横に両手でパスをしながら次のラインまで走る。

5. 2人組でパスをしながら敵役がしっぽ（タグ）をとりにいく

全員タグをつけて、ボールを持つ人のタグを敵側がとりに行く。

2 体育あそびの実際 | 75

3 チームで

1. 1対1

チーム内で2人組をつくり2人の間を広げたりしてボールを落とさないように両手でパスをする。

2. 2人でリレー

チーム内で2人組をつくりボールを落とさないように前方のコーンを回る。
ラインを越えたら次の2人組にボールを渡してリレーする。

3. 横一列リレー

ルール
①チームで横に並び端の人から順に両手でパスをし続ける。
②落としたら負け。

4. パスだけの陣取り（タグをつけて行う）

タグは左右に一本ずつつける。

ルール
①3対3で両手パスで相手陣内にどれだけ進めるか。
②相手に空中にあるボールを捕られたら負け。

実際編① 体育遊具を使った体育あそび

4 簡単なタグラグビー

1. 3対3

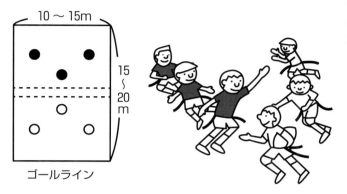

ルール
①相手陣内のゴールラインをめざして、相手をかわしながら味方に両手パスで攻め入り、相手のゴールラインを越えれば勝ち。

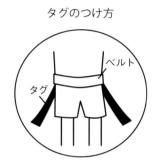

タグのつけ方

2. チーム（3〜5人）チームで

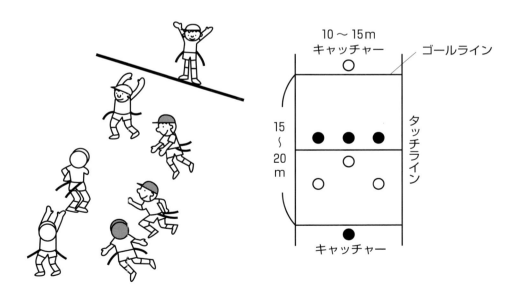

ルール
①パスは前方に出さない。
②タグをとられたら、止まって味方にパスをする。
③ゴールラインを越えたら、キャッチにパスをしてゴール。
④ボールを持っている人が相手にタグをとられたら、必ず、味方に両手パスをする。

2 体育あそびの実際 | 77

ボールを使った体育あそび（簡易バスケットボール）Ⅳ—B

1 最も簡単なルールのバスケットボール

・前段階としてシュート練習

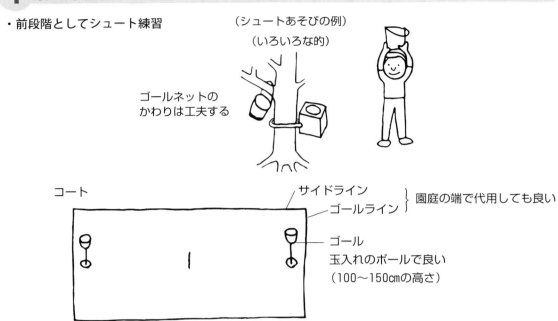

ルール
① 先生がコートの中央でボールを投げ上げてゲーム開始。

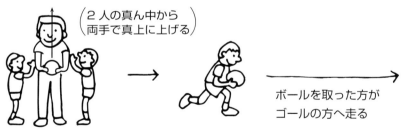

② 相手方のゴールにボールを投げ入れたら1点

③ 乱暴しない（たたいたり、蹴ったり、押したり、つねったり）。この場合は、その場所で先生がボールを投げ上げてゲーム再開。
④ ボールが外に出たら、そこから先生がボールを投げ入れてゲーム再開。
⑤ 先生の笛が鳴ったら、直ちにゲームを中断する。

実際編① 体育遊具を使った体育あそび

留意点 最初は、先生がカゴを背負ってコート内を逃げまわり、子どもは追いかけて、カゴの中にボールを入れるのでも良い。コートの広さは園庭の広さとの関係で適宜決めて良い。チームの区別をはっきりさせるために、紅白帽子かはちまきを用いると良い。
先生が笛を吹くのは、
  （1）得点したとき　　　（2）ボールが外に出たとき
  （3）乱暴な行為があったとき　　（4）試合が終了したとき
1チームの人数は5～10人が良い。ボールを特定の子どもだけで独占しないようにする。ボールに触れていない子にボールを渡す（パス）ようにさせたい。自然木を利用して、バケツをつり下げて、ゴールに代用しても良い。
ゴールの代用物がないときは先生がバケツなどを頭上に設定する方法もある。

2 複雑なルールのバスケットボールa

コート
1とほぼ同様、ただし制限円を設ける。

ルール（1との相違点）
①制限円には、守る側も攻める側も入ってはいけない。
②制限円に止まってしまったボールは、先生が制限円の外に出してゲーム再開。

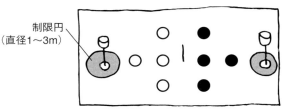

○、● …… 人（子ども）（4対4）

留意点 制限円の広さは子どもたちの得点の様子によって広くしたり、狭くしたりして調節する。

3 複雑なルールのバスケットボールb

コート
2と同じ

ルール（2との相違点）
①制限円内には守る側だけは入って守って良い。
②コート外にボールが出た場合には、出した側の反対チームの者がサイドラインからコート内にボールを投げこんでゲーム再開。

留意点 守る側が制限円に入って守るときに、ボールを倒さないように注意する。

用具

ボール（外周50～70cm）　　紅白帽子あるいははちまき　　玉入れのかご
ラインカー　　笛　　バケツ（ゴールに使用する）

ボールを使った体育あそび（ドッジボール）Ⅳ—B

1 簡単なルールのドッジボール

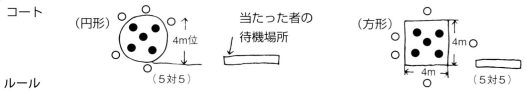

ルール
① 1チームが円内に、他のチームが外に位置する。
② 外の者は、中の者にボールを当てる。
中の者はできる限りこれをよける、あるいは受けとる。
③ ボールが当たった者は失格（コート外に出て待機）。
④ 中の者が受けとったり、コート内に止まったボールは外に投げ返す。
⑤ 一定時間（2〜3分）で外と中を交代。
⑥ 勝敗：交代時（あるいは終了時）にコート内に残った人数が多い方が勝ち。

 留意点　ボールは、バレーボールかドッジボール（2号）が良い。ビーチボールでも良い。
固いボールを使用するときは、顔に当てないなどのルールをつくると良い。

2 複雑なルールのドッジボールa

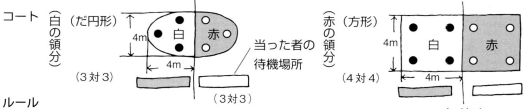

ルール
① 両チームは、自分のコートにそれぞれ入る。
② ジャンケンで勝った方から、相手側にボールをぶつける（コートから出て投げてはいけない）。
③ 投げられた方は、よけるか受けとるかする。
ただし、コートから出たら失格。ボールに当たったら失格。
④ 受けとった場合および自コート内や領分内にボールが止まった場合は、自分のコート内から相手にぶつけられる。
⑤ 失格者はコート外で待機し、応援する。
⑥ 勝敗：一定時間（5〜6分）でコート内に残った人数の多い方が勝ち。

 留意点　当たったり、コートの外へ出てしまったりする反則の判断は、子どもたちだけでは最初のうちは難しいので先生が判定する。
慣れてきたら、自分たちだけでできるようにする。
逃げるだけでなく積極的に受けとって、すぐ攻撃することを意識させる。

実際編① 体育遊具を使った体育あそび

3 複雑なルールのドッジボール b

コート

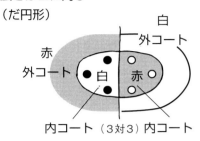
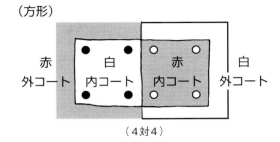

ルール（**2**との相違点）
①当たった者（逃げるときに内コートから出たものも含めて）は、自チームの外コートに出て外側から攻撃できる。
②外から相手にボールを当てた者はまたコートに入れる。
③外→内、内→外へパスして攻撃しても良い。
④勝敗：一定時間内（4〜6分）に内コートに残った人数の多い方が勝ち。

 留意点　内コートと外コートで協力して攻撃することも身につけさせたい。

（方形）

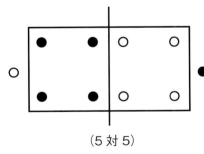

最初から外野に1名
・外野の者が相手を当てたら戻れる。

用具

バレーボール
ラインカー
紅白帽子あるいははちまき

2　体育あそびの実際　81

Ⅵ. ゴムひもやフープを使った体育あそびの考え方と指導の要点

1) ゴムひもやフープを使った体育あそびの考え方

フープは、いろいろな色や大・中・小の大きさの物があり、色を選んでその中に入ったり、くぐったり、歩いたり、跳んだり、転がしたりして楽しくあそぶことができます。

2) ゴムひもやフープを使った体育あそび指導の要点

ゴムひもやフープを使ったあそびには、跳ぶことの練習や、転がることを楽しむという面があります。

ゴムひもやフープを使った体育あそび Ⅰ

1 フープに入りましょう!!

タンバリンなどの合図でフープの中に入ったり出たりしてあそぶ。同じフープに入って友だちと握手して仲良しになることを繰り返す。

2 フープをくぐりましょう!!

大・小のフープを立て、中をくぐってあそぶ。音楽に合わせて身をかがめたり、ハイハイしたりして移動する動作を楽しむ。

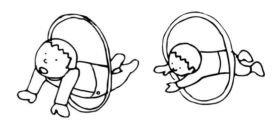

体力要素：目と手と足の協応性、柔軟性

3 歩いて跳んで!!

大小のフープを歩いたり、間隔をあけて置いてあるフープに跳び移ることを楽しむ。

4 コロコロ転がして!!

フープを転がしてその後を追いかけ、また転がす動作を何度も繰り返してあそぶ。

ゴムひもやフープを使った体育あそび Ⅱ

　ゴムひもや輪を使って、連続性のあるジャンプをしたり、くぐったりなどアタックしてみましょう。輪の並べ方に決まりはありませんが、ケン・ケン・パ（1個・1個・2個）やケン・パ・ケン・パ（1個・2個・1個・2個）というふうに、リズムよく跳べるように並べ方を工夫しましょう。そのためには、大人もいっしょに参加するのがいいでしょう。

1 またぎ越し〜跳び越し a

片足踏み切り（またぎ越し型）

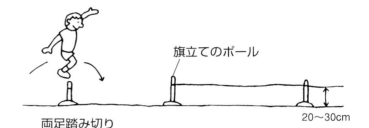
両足踏み切り　　　　　旗立てのポール　　20〜30cm

 留意点　両足踏み切りと片足踏み切りとを区別して行うことは難しい。片足踏み切りを完全に習得させてから次に両足踏み切りを練習させても良い。

2 くぐる（ゴムひもにさわらないように）

手を床に着かずに（リンボーダンス）

手を床に着いて
（カニさん、ワニさん、カメさん、ウサギさんなどになって）

 留意点　ゴムは楽にくぐれる高さからだんだんと難しくすると良い。
1と組み合わせて「跳び越しくぐり」にすると動きに広がりがでてくる。

実際編① 体育遊具を使った体育あそび

3 跳びつく

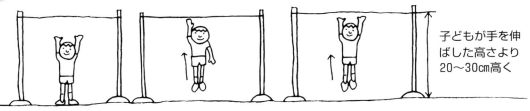

子どもが手を伸ばした高さより20〜30cm高く

片手で跳びつく　　両手で跳びつく

 留意点　手で跳びついて下におろしたゴムひもを踏み越えたり、またぎ越えしたり、跳び越したりするのも面白い。
ゴムひもをしばりつけたポールが倒れないように注意する。

4 フープのくぐり抜けa

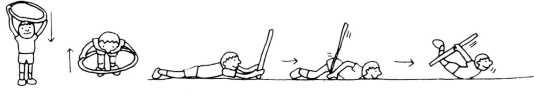

頭から　　足から　　はらばいになって

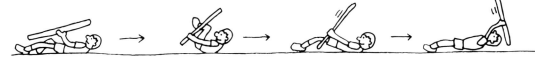

仰向きになって

上方に投げて頭から

片足で

 留意点　仰向きで行う場合は、フープを、お尻の下をどうやってくぐらせるかが難しい点となる。
コロンと転がるようにしてお尻を持ち上げると楽である。

用具

ゴムひも（1.5〜3m位）
フープ（直径70〜100cm）
旗立てのポールや椅子（ゴムひもを結びつけるのに用いる）

2 体育あそびの実際　85

5 円に跳び込む→静止（バランス）a

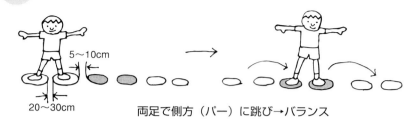

両足で側方（パー）に跳び→バランス

1つの円に両足で同時に跳び込む。
跳び込んだら、3～5秒数える間静止し、次の円に跳び込む。

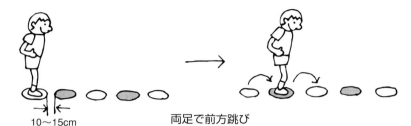

両足で前方跳び

1つの円に両足で、同時に跳び込む。
跳び込んだら、3～5秒数える間静止し、次の円に跳び込む。

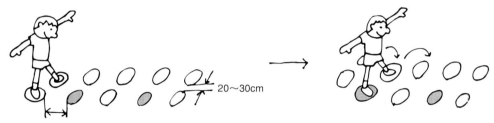

両足で前方（パー）に跳び→バランス

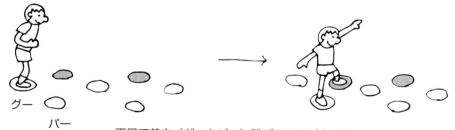

両足で前方（グーとパー）跳びのコンビネーション

留意点 この運動の目標は、競争させることではなく、跳び込んだ後、姿勢を安定させることである。着地後、円からはみ出したり、ぐらぐらしたりしないこと、しかも次のジャンプが可能な体勢でバランスをとること。
コンビネーションでは両足を閉じたり、開いたりするので、なかなか難しい。

用具

フープ（小型…直径25cm位）10個
細いロープ等でつくったものが良い
チョークまたはビニールテープ（フープがない場合に円を描くのに使う）

実際編①　体育遊具を使った体育あそび

ゴムひもやフープを使った体育あそび Ⅲ

1 連続跳び（バンザイなどいろいろな空中動作をする）

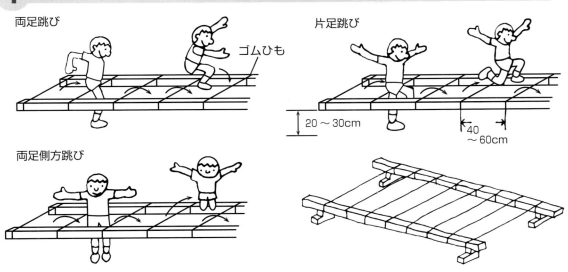

 留意点　ゴムひもを何本か張るときには（低くて良い場合には）上図のように、2台の平均台に結びつけると便利。
最初はゴムひもにさわらないように正確に跳ぶ。
慣れてきたら、スピードをあげて、リズミカルに跳べるように。
3歳、4歳には、非常に難しい。

2 跳び越す→くぐるの連続

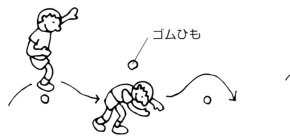

くぐるのを楽にしてスピードをつけて

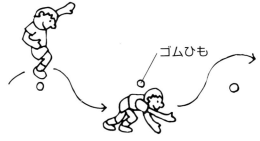

くぐるゴムひもを低くして難しくする

 留意点　跳んだり、くぐったりする動作に動物名などをつけると興味を示す。
〈例〉跳　ぶ→ウサギさん
　　　くぐる→カメさん

2　体育あそびの実際

3 両手を床についてゴムひもを越える（「側転」の導入にも使えて面白い）

 留意点　ゴムひもの高さは20cm位からだんだん高くする。
この運動を連続してやっても面白い。

4 フープに跳び込み→跳び出す

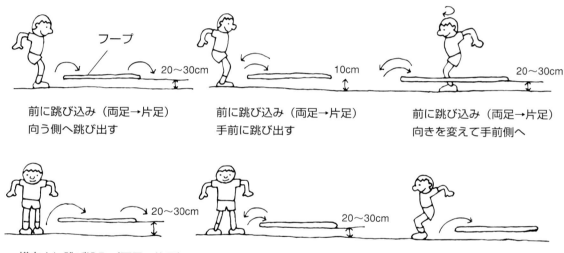

前に跳び込み（両足→片足）
向う側へ跳び出す

前に跳び込み（両足→片足）
手前に跳び出す

前に跳び込み（両足→片足）
向きを変えて手前側へ

横向きに跳び込み（両足→片足）
向う側へ

横向きに跳び込み（両足→片足）
手前側へ

後向きに跳び込む

 留意点　フープにさわらないように。
後や横に跳ぶときは、前に跳ぶときほどは高く跳べないので注意する。

用具

ゴムひも（3m位）× 6本ほど
フープ（直径70～100cm）
平均台、椅子、玉入れのポール（ゴムひもを結びつけるのに用いる）

実際編① 体育遊具を使った体育あそび

ゴムひもやフープを使った体育あそび Ⅳ

1 跳び越しb（できるだけ高いところを跳び越える）

助走をつけた両足跳び　　　　　　　　　　　　助走をつけた片足跳び

 留意点　初めは助走をつけずに、その場で片足跳びのフォームをつけてやる。助走をつけた片足跳びではだんだんと振り上げ足を力強く使って、走り高跳びのようなフォームで跳べると良い。

2 できるだけ高いところのゴムひもを越える（足でゴムひもにさわっても良い）

＊まず逆立ちの練習をする。
＊両手で体をしっかり支えられることが前提。

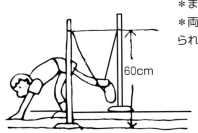

またいでゴムひもをおろす

逆立ちでゴムひもをおろす

 留意点

絶対に手でゴムひもにさわってはいけない。逆立ちや側転は子どもにとっては非常に難しい運動だが、ゴムひもの高さを徐々に高くしていってゴムひもを越えることに目標をおいてみる。
（ただし肘はしっかりと伸ばさせること）

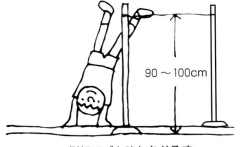

側転でゴムひもをおろす

3 ひっかけ跳び

前向き

足先をひっかける　　ひっかけて跳ぶ　　もとに戻る

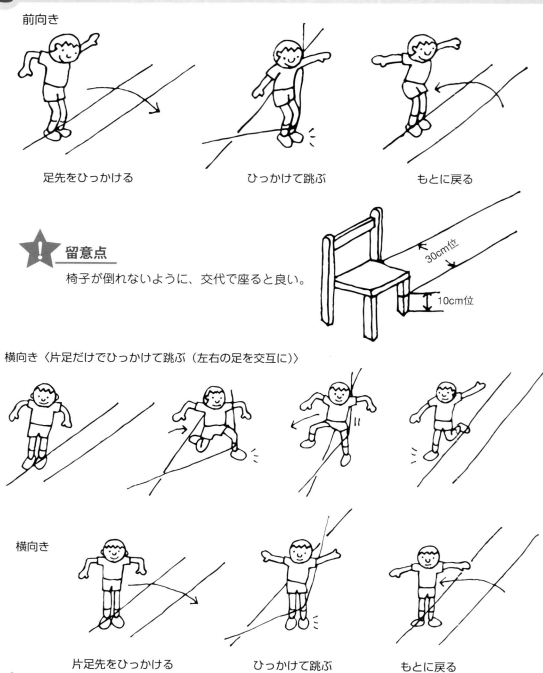

⭐ **留意点**　椅子が倒れないように、交代で座ると良い。

横向き〈片足だけでひっかけて跳ぶ（左右の足を交互に）〉

横向き

片足先をひっかける　　ひっかけて跳ぶ　　もとに戻る

⭐ **留意点**　初めはゴムひもの高さは低く、間隔はせまくする。
徐々により高く、より広くするようにする。
初めは片足（左右どちらでも）だけで、ひっかけて跳ぶ。
両足では、3歳、4歳にはやや難しい。

実際編① 体育遊具を使った体育あそび

4 フープのくぐり抜けb（跳び込んで）

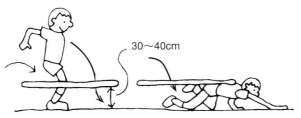

跳び込んで下から抜ける

留意点

フープを縦にして跳び抜けるのはやや難しい。
転がってくるフープを抜けるのはかなり難しい。

先生がフープを転がす　　　転がっているフープを抜ける

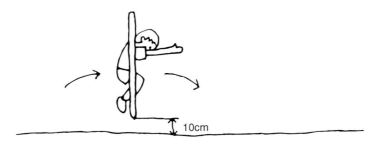

頭も足も一緒に跳び抜ける

用具

用具
ゴムひも（3m位）×2本
フープ（直径70〜100cm）
マット
平均台、椅子、玉入れのポールなど（ゴムひもを結びつけるのに用いる）

2　体育あそびの実際　｜　91

Ⅶ. なわを使った体育あそびの考え方と指導の要点

1）なわを使った体育あそびの考え方

1人でも手軽にあそべますが、2人、3人と増えてもいろいろなあそび方ができます。引っぱったり、またいだり、跳んだり、回したりする動作は全身運動につながります。なわをまたいだり、跳んだりするときのタイミングやリズムや空間を認識し始めると、自分なりにテンポをつかみ、回数も多くまたいだり跳べるようになります。

2）なわを使った体育あそび指導の要点

幼児になわを使ったあそびを指導する場合、忘れてはならないことは、「急いでできること」より、そのあそびが「楽しくできる」ことが大切です。1つの段階の指導を、次の段階へと楽しく系統させていくために、じっくりと取り組むようにしましょう。

実際編① 体育遊具を使った体育あそび

なわを使った体育あそび Ⅰ

1 引っぱりっこ

引っぱり合ってあそぶとき、力の加減ができるようになり、速く・ゆっくりや強く・弱く引っぱるなどの動作を楽しむ。

2 ヘビがニョロニョロ

なわを床に置き左右に振るとヘビのようになる。ヘビを踏まないように左右に跳んであそびながら、跳ぶタイミングをつかんでいく。

3 回してピョン

床に伸ばしたなわを左右に跳び越える動作をしているときに、なわをくるっと回してあげることで、タイミングよく偶然に跳び越えられると楽しさを感じ、ピョンと跳び越えることを繰り返すうちに空間を認識するようになる。

2 体育あそびの実際

なわを使った体育あそび（馬跳びなども含む）Ⅱ

　なわ跳びは、ひとりで手軽に運動を楽しめるほか、2人、3人と人数が増えても、あそび感覚で行えます。毎日続けて行うと、目と手と足の協応性が養われます。広い場所も必要としませんので、子ども専用なわ跳びを用意しても良いのでは……。

1　長なわ（3ｍ位）a

波を跳び越そう

長なわ

その場跳びで

助走して（両足跳び→片足跳び）

「おおきなヘビさん」を跳び越そう

「ゆっくりと動き出したよ」

「だんだん速く動いてきたよ」
（横ゆれ）

「もっと速く走ってきたよ」
（縦ゆれ）

 留意点　　小波を跳び越して、慣れてきたら大波にしてゆくと良い。
　　　　　　　両足跳びの方が易しいようである。
　　　　　　　波の真中を跳ぶようにする。
　　　　　　　その場跳びだけでなく、助走をつけての跳び越しもやってみる。
　　　　　　　最初はタイミングよく声をかけると良い。
　　　　　　　〈例〉「さあ、跳んで！」「ハイ‼」

実際編① 体育遊具を使った体育あそび

2 短なわ（1.2 m位）a

空缶のお散歩

空缶になわを
ひっかけて

手前に引き
寄せる

片足ずつまたぎ越して
自分で回したなわを
越える

> **留意点** なわで足の少し前方の地面をたたく
> ような回し方をすると良い。

3 馬跳び

馬になった友だちの腰を両腕で
支えて左右跳び

はらばいになった友だちを
跳び越す

> **留意点** 連続してトンネルにしても良い。
> 何頭もの馬を連続して跳び越えるのも面白い。
> 慣れてきたらすばやく交代できるようにする。

4 トンネルくぐり

トンネル

友だちのトンネルをくぐる

〈交代〉

> **留意点** 連続して跳び越すのも良い。
> 上図の円内のように仰向きで
> トンネルをつくってみよう。

用具　長なわ（3 m位）　短なわ（1.2 m位）　空缶

2 体育あそびの実際　95

なわを使った体育あそび（馬跳びなども含む）Ⅳ―A

1 長なわ（3m位）b

波を跳び越そう（連続する）

連続して跳び越せる
ように

長なわ

「おおきなヘビさん」を跳び越そう（連続する）

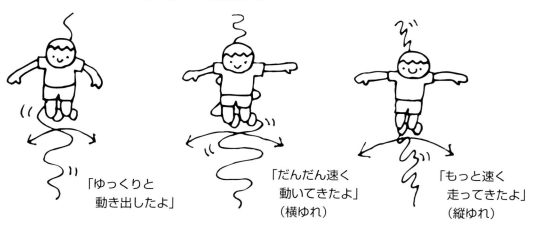

「ゆっくりと
動き出したよ」

「だんだん速く
動いてきたよ」
（横ゆれ）

「もっと速く
走ってきたよ」
（縦ゆれ）

回ってくるなわを跳ぶ

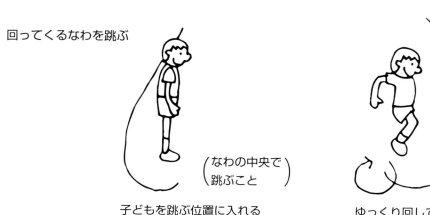

（なわの中央で跳ぶこと）

子どもを跳ぶ位置に入れる

ゆっくり回して跳ばせる

実際編① 体育遊具を使った体育あそび

 留意点　なわの動きと、跳び越すタイミングを合わす。
連続して跳ぶときは、身体をなわに対して横向きにした方がやり易い（先生の手の動きが見えるので）。
子どもが跳ぶタイミングをはかって「跳んで！」「ハイ!!」などと声をかけてやると良い。できれば何回も連続して跳べるようにする。

2 短なわ（1.2m）b

自分でなわを回して両足で跳び越える

両足跳び

 留意点
リズミカルにできなくても良いから、連続して跳ぶようにする。

3 馬跳び→トンネルくぐりの連続

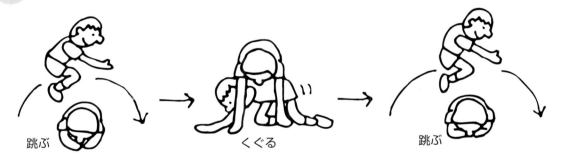

跳ぶ　　くぐる　　跳ぶ

2人組で何回かやったら、跳ぶ人と馬（トンネル）になる人が交代して行う

 留意点　〈跳ぶ人〉
　　跳ぶ→くぐる→跳ぶの連続動作をすばやくできるようにする。
〈馬（トンネル）になる人〉
　　馬→トンネル→馬の姿勢の変換をすばやくできるようにする。
　　馬の高さは子どもの跳ぶ力によって調節し合うと良い。
　　「もっと高く」「もっと低く」

用具

長なわ（3m位）　　短なわ（1.2m位）

2　体育あそびの実際 ｜ 97

なвを使った体育あそび（馬跳びなども含む）Ⅳ—B

1 長なわ（3m位）c

波を跳び越そう
（2人で）

（向かいあって両手をつないで）

「おおきなヘビさん」を跳び越そう
（2人で）

「ゆっくりと動き出したよ」　　「だんだん速く動いてきたよ」（横ゆれ）　　「もっと速く走ってきたよ」（縦ゆれ）

回っている
なわに入って跳ぶ

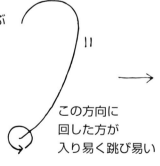

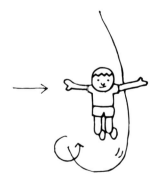

この方向に回した方が入り易く跳び易い

留意点　2人で仲よくタイミングを合わせて跳ぶことが目標。
上手に跳べる子どもと、そうでない子どもをペアにすることも良い。
身体をなわに対して横向きにした方がやり易くなる。上手く跳べるようになったら人数を増やしていく。なわが一番高いところになったときに入っていくと成功しやすい。「入って！」とタイミングよく声をかける。

実際編① 体育遊具を使った体育あそび

2 短なわ（1.2 m）c

リズミカルに
連続して跳ぶ

走りながら
なわ跳びをする

できれば、なわ1回旋につき、1回ジャンプ（ピョンピョン型）にしたいが、なわ1回旋につき、2回、3回ジャンプ（チョン・ピョン型、チョン・チョン・ピョン型）の方が易しい。

留意点

慣れてきたら、なわを回すときに腕全体を大きく回すのではなく手首を中心として回せるように練習する。
上手になったら、だんだんと速くできるようにする。走った方が跳びやすい。

3 仲良し跳び（2人跳び）

留意点

2人で向かい合い、先生がなわを回して子どもと一緒に跳ぶ。初めは先生の後ろになわをたらし、「ハイ!!」と合図の声に合わせて子どもの背中の方へ回す。子どもが跳ぶきっかけがつかめたら、先生はリズムをとりながらなわを回す。

4 馬跳び→トンネルくぐり→馬跳び→交代の連続

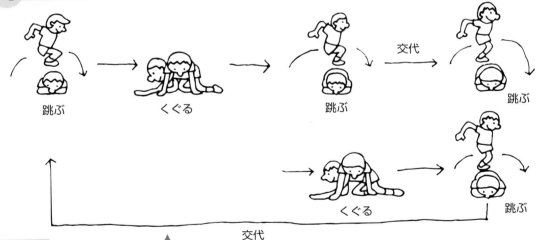
跳ぶ　　くぐる　　跳ぶ　　交代　跳ぶ
くぐる　跳ぶ
交代

用具
長なわ（3 m位）
短なわ（1.2 m位）

留意点

各々の役目をしっかりと間違えないように実行すること。
跳ぶ・くぐるの動作、馬・トンネルの姿勢交換交代をすばやくスムーズにできるようにする。

Ⅷ. パラバルーンを使った体育あそびの考え方と指導の要点

1）パラバルーンを使った体育あそびの考え方

パラバルーンを床に広げてその上に乗って歩いたり、パラバルーンの下にもぐりこんだりしてあそびます。また、持ち上げられたパラバルーンの下に入ったり、高さを変化させて限られた空間に身を置いたり、外に出られない状況の中で過ごしたりして楽しむことができます。

2）パラバルーンを使った体育あそび指導の要点

このあそびは子どもの体力をつけるための総合運動です。年齢に応じていろいろなあそび方ができます。

パラバルーンは、親指を下にして持つようにしましょう。また、パラバルーンを床につける場合、お尻を上げて片膝をつけた姿勢で座りましょう。パラバルーンの上には乗らないこと、また砂や石などを置かないよう注意しましょう。

実際編① 体育遊具を使った体育あそび

パラバルーンを使った体育あそび Ⅰ

1 バルーンの上を歩きましょう!!

広げられたバルーンの上に乗り、限られた範囲の中を歩いて移動することを楽しむ。

2 バルーンを高く上げましょう!!

持ち上げられたバルーンの下に入り、制約された空間に身を置き、移動することを楽しむ。

3 バルーンドームの中に入りましょう!!

ドーム型にしたバルーンの中に友だちと一緒に入りこみ、限られた空間の中にいることの不思議な感覚を味わい、仲間意識が芽生えるきっかけになる。

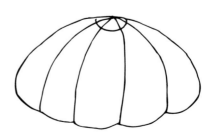

パラバルーンを使った体育あそび Ⅱ

　パラバルーンを使うあそびは、体力つくりの総合運動です。子どもの発達レベルに応じて、いろいろとあそびを考えてみましょう。はじめて使うときには、持ち方やパラバルーンを床につける場合の座り方を十分に教えておくようにしましょう。パラバルーンを使って、いろいろな表現あそび、ボールあそび、体操、ゲームなどを楽しむことができます。

1 パラバルーンを持って歩きましょう a

パラバルーンを持つときは、親指を下にする

パラバルーンの上に砂や石ころなどを置かない

留意点 親指を上にして持つと、そのうちに人差し指と親指で摘んだ状態となり、手から離れやすいことを伝え、親指を下に四指でまきこむように持つ（握る）ことを指導する。

2 いそぎんちゃく a

留意点 上にあげる時に「1、2、3」とかけ声をかける。中に入ったらすぐに端をおさえる。

体力要素：協応性、敏捷性

実際編① 体育遊具を使った体育あそび

3 おばけクラゲ a（追いかけつかまえっこ）

おばけクラゲに見立てたパラバルーンを網のようにしてつかまえる

逃げる子

⚠ **留意点**

おばけクラゲはパラバルーンをかぶせてつかまえる。
クラゲチームは5〜6人が良い。

4 パラバルーンサッカー a（ボール1個）

パラバルーンをひろげて、その下にあるボールを蹴りあう。

5 げんきなおまめさん a

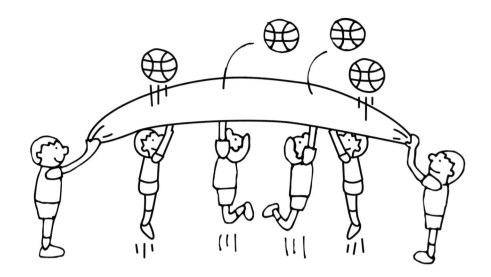

ひろげたパラバルーンの上にあるボール（おまめさん）を下からついて外に落とす。

用具

パラバルーン
ボール

実際編① 体育遊具を使った体育あそび

パラバルーンを使った体育あそび Ⅲ

1 パラバルーンを持って歩きましょうb

パラバルーンを2～30人で持って歩く。いろいろな人数で試したり、パラバルーンの形を変化させてみよう。

2 いそぎんちゃくb

全員同時にパラバルーンを持ち上げて、おろしながら空気が入った状態ですばやく中に入り、膝にまきこんで体育座りをする。

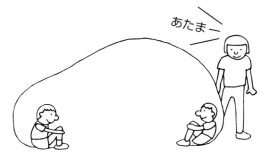

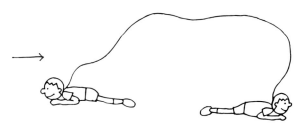

「あたま」などの合図であたまを外に出す

留意点

その他、「足」「手」などでも良い。

2 体育あそびの実際 | 105

3 おばけクラゲ b

⚠ **留意点**

手をつないだ子どもを魚に見立てて、2～3人で1匹として、手をつないで逃げる。

5 パラバルーンサッカー b（ボール2個）

6 げんきなおまめさん b（ボールの数を増やして）

⚠ **留意点**

パラバルーンの高さをいろいろと変化させて行う。

用具

パラバルーン
ボール

実際編① 体育遊具を使った体育あそび

Ⅷ. プールを使った体育あそびの考え方と指導の要点

1）プールを使った体育あそびの考え方

　子どもたちは、水あそびが大好きです。水あそびを楽しめる季節になると、テラスやベランダなどで大型のたらいや家庭用のビニールプールなどに水を入れ、身近にある空き容器などを置いておきますと、思い思いに容器に水を入れたりこぼしたり、浮かべたりしずめたりしてあそびます。パシャパシャと水面をたたくことで自然に身体に水がかかり、気持ちがよくていつの間にかジャブジャブと中に入りこんであそびはじめます。水あそびを通して解放感を味わい、水に対する恐怖心がなくなっていきます。

2）プールを使った体育あそび指導の要点

　子どもたちが水に対する恐怖心を克服していくためには、「呼吸法」の習得、さらに水中では「安定的運動ができない恐怖」を乗り越えさせるために、「姿勢コントロール能力（身体をバランスよくコントロールさせること）」を学習させることが必要です。

　そのためには、水あそび〜呼吸をしながら「浮く、進む」という水泳の面白さを感得させるための技能指導の系統性（上手くなっていくための筋道）を、現場の取り組みの中で考えていくことが必要です。

　「呼吸法」は「水中で息を止め、水面から口が出たとき、口を使って"パッ"とはく」という方法です。

　息を止めているのは、体内の空気による浮力を保つためであり、息を「パッ」とはくことで空気が体内に入ってくるという人間の呼吸の仕組みを利用しているからです。この方法で、子どもたちは「呼吸法」を自然に自分のものにしていくことができます。

2　体育あそびの実際　107

プールを使った水あそび

◎体育的な効果

1. プールあそびをして、身体の諸機能を促し、健康の増進をはかる。
2. 幼児の皮膚の抵抗力を強める。
3. 水に親しむことにより、水に対する恐怖心をなくする。
4. 自信をつけることにより、精神的な発達に役立つ。

◎主たるねらい

1. 体育的な効果
2. 裸でふれあい、安全にあそび、仲間と共に水であそぶことを楽しむ。
3. 水泳ぎの基礎的なことを養う。
   ①水を恐がらずにプールに入れる。
   ②水の恐さと楽しさを知らせる。
   ③水の感触を知り、水に浮くことを感じとる。
   ④きまりを守ってプールに入る。

◎主たる留意点

1. プールの水量（膝以下）　年齢・段階に応じた水量
   目安は3歳 － 30cm、4歳 － 40cm、5歳 － 50cm
2. 適水温（24 〜 26℃）
3. 水温より気温が1 〜 2度低くても可。
4. 体温より15度低い水温では、心臓まひの可能性がある。
5. プールの周囲には危険なものがないように、安全を確認する。
6. 準備運動を十分にしておく。
7. プールに入る前に、水の楽しさと恐さを十分教える。
8. 入っている時間　10 〜 15 分
   休憩　5 〜 6 分（3 回位）
9. 保育者も水着、あるいはそれにかわる服装。
10. 光化学スモッグ警報発令中はしない。
    プールの水は毎日交換する。
11. 水を恐がる子どもは、無理させず少しずつ慣れさせる。
12. 水あそびの段階から少しずつ泳ぎの段階へと興味・関心を上げる。

◎プールに入れない子ども

家庭と連絡をとり、事前に健康チェックをしておく。
次のような疾病や症状のある子どもについては、プールに入れないようにする。
　発熱・下痢・心臓病・腎臓病・中耳炎・眼疾・伝染性皮膚病・てんかん　その他
なお、プールに入れない子どもについては、他の水あそびができるように配慮することが必要である。

◎幼児が水あそびをいやがる理由

①水に対する未経験、未知に対する恐怖心。
②水への現実的な恐怖心（例：水を飲んで苦しかった）がある。
③刺激に対する恐怖
　水圧・皮膚圧・皮膚刺激・耳や鼻などに水が入る恐怖
　呼吸困難に対する恐怖

実際編① 体育遊具を使った体育あそび

子どもが水の中であそびたいときは、水あそびや水泳ぎをマスターさせる絶好のチャンスであるといわれている。そのためには教師と子どもとの信頼関係をつけることが水あそび・水泳ぎをするための前提条件である。

◎水あそびの種類

2～3歳頃……ア．シャボン玉あそび　イ．水鉄砲あそび　ウ．ヨーヨーつり
4～5歳頃……ア．シャワーあそび　　イ．頭上水汲み　　ウ．アザラシあそび
　　　　　　　エ．宝探し　　オ．洗濯機あそび
6歳頃以降……ア．トンネルくぐり（汽車ポッポ）　　　　イ．バタ足（ビート板使用）

1 基礎知識

①なぜ浮くのか（＝浮力のメカニズム）

水中にある物体は、必ず垂直上方への浮力で浮くことができる。つまり人間は水中に入ると、その体容積と同量の水の重さに等しい力で押し上げられる。（アルキメデスの原理）
水の比重は密度 1cc ／ 1 g で表され、1.0 である。水の比重よりも小さいものは原理的に浮く。
人間の体の主な部分の比重は下表の通りである。

	骨	爪、毛	脳	筋肉	脂肪
比重	2.01	1.2 ～ 1.3	1.04	1.06	0.94

したがって、骨の太い人や筋肉質の人は浮きにくく、体全体に脂肪の割合が多い人ほど浮きやすいことになる。
しかし、それだけではなく空気をたくさん吸いこめば、たいていの人は浮くことができる。下表は性別、年齢による比重についてまとめたものである。

	男子	女子
10 歳	0.967	0.970
15 歳	0.993	0.993
20 歳	1.030	1.030

したがって、泳ぎを練習する場合は、浮くことよりもむしろ呼吸の仕方や水中を進むために必要な技能を覚えることの方が重要である。

②水の抵抗

水の抵抗は空気の抵抗より大きい。（水の密度は空気の 7.74 倍）したがって、水中の動きは、陸上の動きよりもはるかに大きな抵抗と刺激（水の冷たさなど）を受けることになる。

2　体育あそびの実際 109

2 実技指導

準備運動	水あそびでは、準備運動を欠かしてはいけない。
	水による身体の各器官に及ぼす刺激は大きいので、注意が必要である。
↓	
シャワー	《水の刺激→身体各部の毛細血管の収縮→血管の破裂》
↓	
静かに入水	水に慣れるためにも足（心臓に遠いところ）から順に入る。

段階指導

1. 水に入る　　足まで → 腰まで → 胸まで → 肩まで
2. 水かけ　　　前向き → 後向き → 自分で水浴び → 友だちと水かけ
3. つける　　　口だけ → 口と鼻 → 頭まで（開眼）
4. 浮く　　　　ビート板で → ビート板で顔つけ → 伏し浮き → だるま
5. け伸び　　　顔つけ補助 → 足の裏押し → 底蹴り → 飛びこんで
6. 進む　　　　先生の両腕上で → 補助バタ足 → 自分でバタ足（ビート板有）
7. 泳ぐ　　　　うつ伏せバタ足（ビート板有）→ バタ足３ｍ（ビート板無し）
　　　　　　　　　→ イヌかき３ｍ → バタ足６ｍ以上

実際編① 体育遊具を使った体育あそび

プールを使った水あそび Ⅰ

1 浮かべたりしずめたり

いろいろな空き容器や市販の水あそびセット（貝や魚の形をしたもの）などを浮かべたりしずめたりしてあそぶ。

2 マヨネーズでっぽう

容器に水を入れて、両手で握り「水でっぽう」のようにしてあそぶ。マヨネーズの容器を利用する。

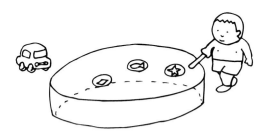

3 ジャブジャブ

たらいやビニールプールにジャブジャブ入りこんで立ったり座ったりして、浅い・深いがわかっていく。
（水深 20 ～ 30cm）

4 あめだよ!!

シャワーで足下から順に身体の上へ向かってかけていき、全身がぬれる気持ちよさを感じ、水あそびを楽しむ。

2 体育あそびの実際　111

プールを使った水あそび Ⅱ

1 水に入る

(1) 水中歩行

①手をつないで（足だけ）

②カエルになって（腰まで）

(2) オットセイ→ワニへ

③手と足を使って（胸まで）

④手だけで（肩まで）

2 水かけ

(1) 水入れ競争

①後ろ向き水入れ　バケツ

②前向き水入れ　バケツ

(2) 水浴び

③前向きバケツ落とし　バケツ

④自作の空き缶で水浴び　シャワー

実際編① 体育遊具を使った体育あそび

プールを使った水あそび Ⅲ

1 つける

石ひろい〜ワニさん

①石ひろい

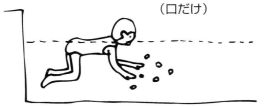

②ワニさんでフープくぐり

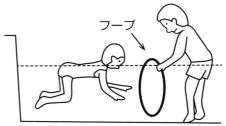

2 浮く

ビート板を使って

①両腕でビート板をつかむ

②両腕でビート板を持つ

①伏臥で両腕を伸ばして

2 体育あそびの実際

3 け伸び

①先生が両手を持って

②先生が足の裏を押して

③スーパーマンで壁を蹴って

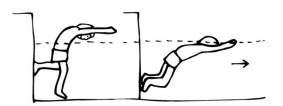

④水底を蹴って

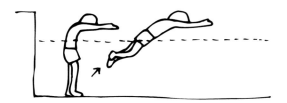

4 進む

①両腕で水をかく

②先生の両手に乗せてバタ足

③ビート板を持って

実際編① 体育遊具を使った体育あそび

プールを使った水あそび Ⅳ

1 水泳ぎ

①うつ伏せバタ足

②バタ足３ｍ

③バタ足５ｍ

④手で水をかいてバタ足（６ｍ）

2 水あそび手帳

場所：		年　　月　　日 ～ 　年　　月　　日
組　　男・女　　名まえ：		
●水に対する抵抗度	□ 指導者にいつもひっつく □ 水からあがらない □ 水あそびはしない □ 水あそびを喜ばない □ 水に入ろうとしない	●心身への影響度　　□ 水をこわがる □ おびえている □ 口びるが青くなる □ 耳や目が痛くなる □ 腹が痛くなる

✓ 印は水あそびに対して現れたものです。

●水あそび（水泳ぎ）の程度

段階	程度			
	1	2	3	4
①水に入る	□ 脚まで	□ 腰まで	□ 胸まで	□ 肩まで
②水かけ	□ 後向き	□ 前向き 　（友だちと水かけ）	□ 自分で水浴び	
③つける	□ 口だけ	□ 口と鼻	□ 頭まで（開眼）	□ 水中で息止めバタ足
④浮く	□ ビート板で	□ ビート板で顔つけ	□ 伏し浮き	
⑤け伸び	□ 顔つけ	□ 足の裏押し	□ 底蹴り	□ け伸びバタ足
⑥進む	□ 先生の両腕の上で	□ 補助バタ足	□ 自分でバタ足 　（ビート板使用）	□ 自分でバタ足 　（ビート板なし）
⑦泳げる	□ うつ伏せバタ足 2m	□ バタ足 5m	□ バタ足 6m 以上	□ 手で水をかいてバタ足

✓ 印は水あそび・水泳ぎの程度です。

（　　　　　　）園

2　体育あそびの実際 115

実際編

2

体育遊具を使わない
体育あそび

Ⅰ．かけっこあそびの考え方と指導の要点

1）かけっこあそびの考え方

　子どもは、木に登ったり、石蹴りをしたり、ボールを投げたり、かけくらべをするのが好きです、子どもは、2歳ごろから走ることをはじめ、4歳で一通り完成するといわれています。

　そして、2歳半でケンケン、スキップができるようになり、3歳では走る、跳ぶ、投げる、打つ、蹴る、捕らえることができるようになります。

　3歳半から4歳前半で片足跳び、片足立ちができるようになり、4歳半から5歳で両足跳び、連続跳びができるようになるといわれています。

　このように「かけっこ」はあくまで走ることを目的とするのではなく手段とし、走ることを含んだあそび・ゲームを行うことが大切です。かけっこを楽しみ、なおかつランニング（＝かけっこ）のためのトレーニング効果を期待するには、緩急をつけた巧みな動きを求められる『鬼ごっこ』が最良のあそびになります。まてまてあそび、シッポとりあそび、影ふみ鬼、手つなぎ鬼、かけっこ鬼、島鬼、助け鬼、ゲーム性を盛りこんだダルマさんが転んだ、ハンカチ落とし……。2・3歳の子どもは、ルールにこだわらず、先生が鬼になって子どもを追いかけます。子どもが喜びながら走って逃げたら鬼ごっこは成立です。先生が違う速さやつかまえるタイミングを調節します。4歳頃には1対1の関係があり、簡単な鬼あそびができるようになり、4歳半では、大きい小さい、遅い早いなどの2つの違いを意識することができるといわれています。5歳にもなると、坂道を上ったり下りたりすることも上手くなります。とくに坂道を下りるときには、重心が前方に移って足が出やすく早足になります。これを利用して重心移動を覚えれば、平地でかけ出すコツもスムーズにつかめるようになってきます。（注：できるだけ勾配の緩やかな地形を設定します。アスファルトやコンクリートではなく、地道や芝生などの坂が望ましいです。）

2）かけっこあそびの指導の要点

　かけっこ競争は、幼少期には3歳によく見られるが、この段階では「速いかどうか」の結果よりも、鬼ごっこ風に木の周りを回ったり、タッチしたりといったさまざまなルールのもとで速く走れるかという過程が大切です。

　速く走ることの他の条件（4歳頃にはまっすぐ走る、円周を走るなど）に加えて仲間と一緒に、チームで行うリレーを楽しむことに興味を示すようになってきます。

実際編② 体育遊具を使わない体育あそび

　5歳では、かけっこあそびで、速い、遅いを競わせたり、走る、山道を上ったり・下りたり、跳んだりしてスピードやリズムを調節することができる能力を身につけることとし、これらの条件で行うリレーをすることによって、仲間と一緒に走ったり、力を合わせて走って楽しかったという満足感を味わわせたいものです。

　かけっこは、鬼ごっこなどの逃げる人を捕まえるという目標が先行したあそびで、逃げる人も、捕まらないという心理的目標があり、子どもたちは、長く走りつづけていたという経験（＝マラソン）をしていくのです。

かけっこ Ⅰ

1 タッチごっこ

保育者が子どもを追いかけたり、子どもが保育者を追いかけたりするあそび。

留意点

タッチされた・タッチしたときは、抱きかかえたり、くすぐったり、大きな声で笑い転げたりする。

2 てつぼうまで走ろう

保育者が目標とする園庭や公園の遊具を指示し、その遊具までみんなで走るあそび。

留意点

初めは、目標物を決めて指示するのは保育者が行うが、あそび方がわかってきたら、子どもが交代で指示するようにする。

実際編② 体育遊具を使わない体育あそび

3 まねっこ走り

「先生のまねっこをして、走っておいで」といって、保育者が子どもたちの先頭になり、園庭をいろいろな乗りものや動物の動作をしながら走りまわるあそび。先生のかわりに子どもがしても良い。
動物の動作は、腕や手で鳥の羽ばたきや犬の耳などを表現しながら走る。

＊途中で、お休みする場所をつくるようにしても面白い。

4 電車がたんごとんあそび

狭いところを歩いたり、グニャグニャと走ったり、スキップなどをいれて走るあそび。走るコースや走り方に楽しい変化をつけると面白い。

＊保育者が子どもの先頭になり、園庭のすべり台や雲梯などの固定遊具や三角コーンや小山などにさわりながら走りまわる。

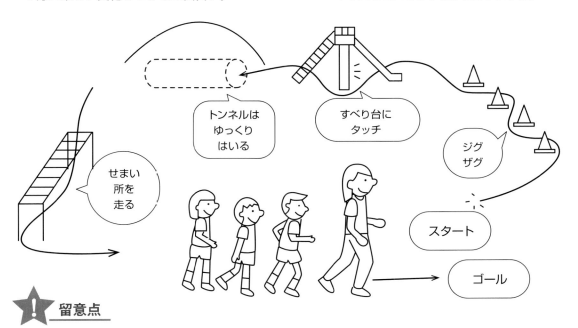

留意点
まねっこ走りや電車がたんごとんあそびでは、楽しくするように心がけをして、いろいろな走り方をする。

5 シッポ取りあそび

子どもたち1人ひとりの腰にシッポをつけて、お互いにそのシッポを取り合うあそび。

―その1―
みんながシッポをつけて、お互いにシッポの取り合いをする。

―その2―
シッポをつけている子とつけていない子に分かれて、シッポを取る子と取られる子の対抗戦であそぶ。

用具

シッポ取りあそびでは、シッポにする「はちまき」か「ひも」か「タオル」を用意する。シッポを取られた子はあそびに参加できなくなるので、シッポの数は、1人2〜3本くらいずつ用意する。

 ### 留意点

シッポ取りあそびは、あそびながら簡単なルールをつくっていくようにする。
なるべく広い範囲で逃げたり走りまわれるようにする。

6 ゴールをめざして

スタートラインとゴールラインを決めて、「よーい、ドン」の合図で、スタートし、途中で紅白の玉を拾って、ゴールラインまで走るあそび。

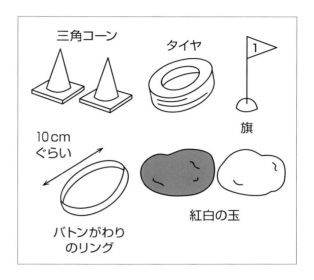

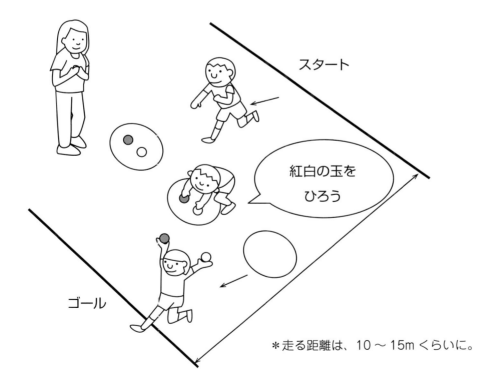

＊走る距離は、10〜15mくらいに。

7 ぐるっと 回って

スタートラインとゴールラインの途中に置いてある旗を回って、ゴールまで走る。

＊スタートからゴールまでの距離は約20mにし、旗のかわりにタイヤ、三角コーンなどを置いて、回ったりする。

8 障害物リレー

スタートとゴールの間に障害物を置き、跳び越えたり、回ったり、グニャグニャのラインの上を走ったりする、リレーあそび。

留意点

この年齢では、走りながらスピードを上げたり、落としたりするスピードをコントロールする能力を養いたい。
スタートラインからゴールラインまでの距離は約20mにする。
リレーするためのバトンは、小さな輪を持って走りやすいものが良い。
障害物と障害物との間の距離が短かすぎるとスピードを上げるときがなくなるので、障害物と障害物の間の距離は約5mが適当。
最初はゴール地点までの間に障害物をひとつだけおき、帰りはまっすぐ走ってくるようにする。

実際編② 体育遊具を使わない体育あそび

かけっこ Ⅱ—B1

1 「グリコ×3」あそび

スタートラインに立ち2人でジャンケンをし、「グー」で勝ったら、勝った人が「グリコ、グリコ、グリコ」と3回いってその間走り、「チョキ」で勝ったら「チョコレート」、「パー」で勝ったら、「パイナップル」をやはり3回いって、その間走るあそび。

ルール
①折り返しの線から早く帰ってきた方が勝ちとします。

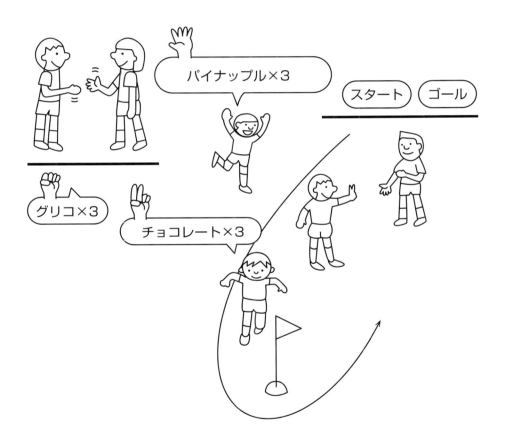

 留意点

このあそびは、「決められた言葉を3回言いながら走る」というルールを守ってあそぶことを学習する。

2 ジグザグ走リレー

いろいろなジグザグ走や回旋走を楽しむリレーあそび。

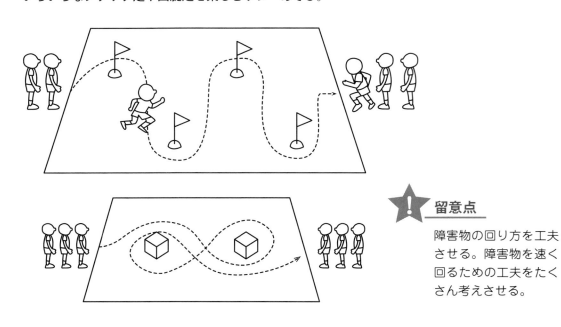

> ★ 留意点
>
> 障害物の回り方を工夫させる。障害物を速く回るための工夫をたくさん考えさせる。

3 障害物トラックリレー

園庭にトラックをつくって、走るコースに、いろいろな障害物を置いたリレーあそび。

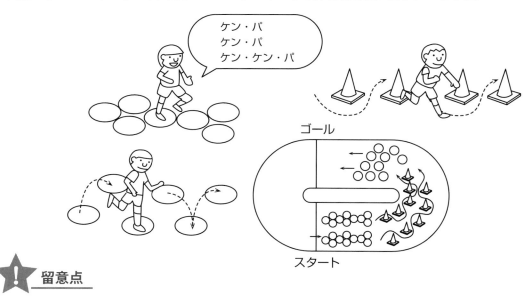

> ★ 留意点
>
> 1周50mくらいのトラックを3分の2周するリレーが適当。障害物の種類や置く場所などは、子どもと相談して決める。

実際編② 体育遊具を使わない体育あそび

4 影ふみ鬼ごっこ

全員が自由に散らばって、他の人の影をふみあうあそび。

留意点

ふまれた人はあそびから外れてゆき、最後に残った人が勝ちとなります。
ふむ位置を影の頭とか足に限ると面白い。
リレーにつながる。

5 手つなぎ鬼

タッチされた人も鬼になって、鬼が順にふえていき、手をつないで追いかけるあそび。

留意点

3人以上になると両端の人しかタッチできない。逃げる人は各自、自由に逃げ、すきをみて鬼のつないでいる手を切ることができる。手が離れている間は鬼は追いかけたり、タッチしたりすることができない。
追いかけられている人は互いに協力し、助けあうと良い。

子どものかけっこ

かけっこは、まずどのくらいの距離を走るかが考えられる。短い距離、中くらいの距離、長い距離と大まかに分けられているが、全力で走るのは短い距離である。
幼児では、全力疾走の場合、せいぜい25 m走がリミット、6〜7歳で30 m、8〜9歳で50 m、10歳で80 m、11〜12歳では100 m程度と考えると良い。
コースの設定は、必ずしも直線コースや、トラックだけでなく、からだの動きを開発するようなジグザグ走、逆回り走などのコースを工夫したい。特に年少の頃ほど多様な動きを要求する「走」の方法を工夫したいものである。

かけっこ Ⅱ—B2

1 おっかけ鬼

鬼を1人決め、他の人が自由に逃げ回り、鬼が追いかけてタッチするあそび。鬼を決める方法は、ジャンケンや鬼決めうたなど。タッチされたら鬼を交代して続ける。

 留意点

鬼は紅白帽子をかぶる。

2 助け鬼

2～3人の鬼を決め、タッチした人を陣地に手をつながせ、一列にしてとらえておく。つかまっていない人が逃げながら鬼のすきをねらって、つかまっている人の手を切ると、手を切られた人からさきの人が逃げることができるあそび。全員つかまったら最初につかまった人から鬼を交代し、続ける。

 留意点

陣地は、立木や柱、壁などにする。

3 島鬼

準備　図のように島を幾つかつくる。人数によって鬼を2～3人にふやしたり、島の数を加減したりする。

鬼以外の人は島の中に入り、島から島に渡りながら逃げるあそび。鬼は渡っているときにタッチし、鬼は島の中には入れない。逃げる人は島から足が出ていると鬼にタッチされたことになる。タッチされたら鬼を交代。

 留意点

島から島の距離を大きくする。

実際編② 体育遊具を使わない体育あそび

4 だるまさんが転んだ

準備　鬼の陣地とそこから10数歩離れたスタートラインをかく。

鬼を1人決め陣地で目を閉じて「だるまさんが転んだ」と大声で数える。他の人は鬼が数えている間にスタートラインから陣地の方に進み、鬼が数え終ったらその場で止まる。鬼はすぐにふりむき、動いている人をみつけ「○○さんみつけた」といい、自分の後ろにつなぐ。これをくりかえして、陣地に近づいた人が、鬼が数えている間につながれている人を切ったら、全員助かり、全力で逃げるあそび。鬼は「止まれ」と命令して全員を止め、3歩進んでタッチできる人にタッチ。その人が次の鬼になる。

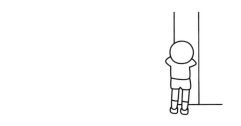

5 ハンカチ落し

鬼を1人決め、他の人は円になって座る。ハンカチ1枚を用意し鬼は円の外を回りながら、誰かの後ろに気づかれないように落すあそび。落された人はすぐに立って鬼を追いかける。鬼が追いつかれずに1周してその人のあとに座ると鬼を交代。

6 大車輪

4組に分かれて絵のように並んで座る。他に1人鬼を決める。鬼は右回りに後ろを走って回り、どの組か最後尾の人の肩をたたく。たたかれた人は「鬼だァ！」と叫び、その組の人全員が立ちあがって、左回り（鬼と逆回り）で円を1周する。鬼は右回りでたたいた組の位置まで1周して帰るあそび。最後に帰ってきた人が次の鬼となる。

（発展）
「行け、来い」と鬼が声を掛けると「行け」は鬼と反対方向に回る。

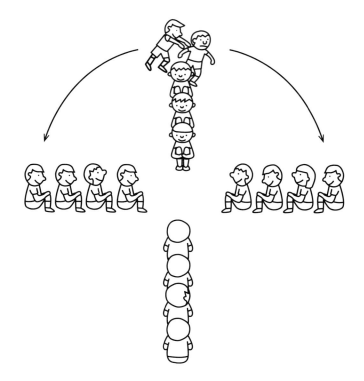

7 ドンジャンチン走

準備　絵のような渦巻き形を描く。

2組に分かれ、中心と外側との陣地に入る。ゲーム開始で、両組から1人ずつ走り出してきて、相手と出会ったところでじゃんけんをするあそび。勝った人は先に進み、負けた人の組は次の人が直ちに走り出して、また出会ったところでじゃんけん。勝ち進んで相手の陣に入った組が勝ちとなる。（相手にふれたら反則負け。）

実際編② 体育遊具を使わない体育あそび

かけっこ Ⅲ

1 かけっこ・徒競走（距離が短かい）

方法　25 m、50 m、75 m、100 mなどの
コースをつくり、徒競走をする。
タイムを測る。

2 いろんなスタート

いろいろな姿勢からスタートをして、10 m〜
20 mくらいの距離をかけっこするあそび。
・座った姿勢から
・うつむきにねた姿勢から
・仰向けにねた姿勢から
・うつむけにねて1回転ジャンプしてから

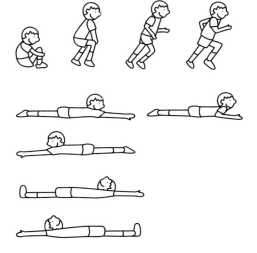

3 逆回り走

大きな円を描いたり、野球の
ダイヤモンドを使って、右回
りと左回りの競走をする。
タイムをとって、自分が右回
りと左回りとどちらが速いか
測る。

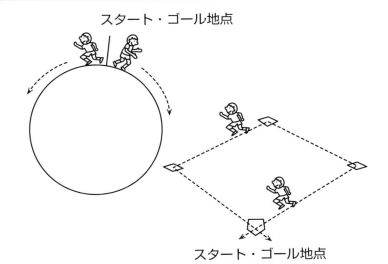

4 じゃんけんリレー

野球のダイヤモンドを使って、2組が逆方向に1人ずつ走る。2人が出会ったところでじゃんけんをし、負けるとワンベース（1つ前のベースに戻る）だけ戻って再び走る。勝てばそのまま走り続けて良い。1周して次の人にタッチをし、次の人が走り出すトラックリレー。必ずベースを踏んで回ること。

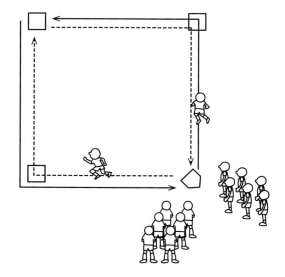

5 バトンリレー

準備　各組にそれぞれバトンを用意。

トラックを回ってバトンをタッチするリレー。

 留意点

バトンの代りに、タオル、野球のバット、ラケット、なわなどを使う方法もある。
走者の距離を変えて（たとえば 50 m、100 m、150 m、200 m）行う方法も良い。

6 ペース走

2人が前と後ろになり、常に2〜3m離れて走る。後ろの人は前の人の走るとおりについて走る。前の人は方向を自由に変えたり、走る速さを変えたり、走りながら跳んだり、物をくぐったり、ジグザグに走ったりなど、いろいろな動きをつくり、後ろの人はそのとおりに動く。数分間または数100m走ったら、前後を交代して走る。

留意点

長く走り続けることがねらいである。
2人で1組。数組で競走しても良い。
3人、4人で同じようについて走るゲームを考えよう。
長く走り続けるには、全力疾走をしては続かない。（途中で歩いても良いし、止まっても良い。）変化を考えながら走ることによって、長く走り続けるようにする。

7 クロカン走（山あり谷あり）

速さを競わずに、何回も回って、長く走り続けることがねらい。

準備　絵のようにいろいろな坂道をつくって、コースをつくる。○印は一生懸命に走る。×印はゆっくり走ることに決める。○印を70〜80%、×印を30〜20%とする。

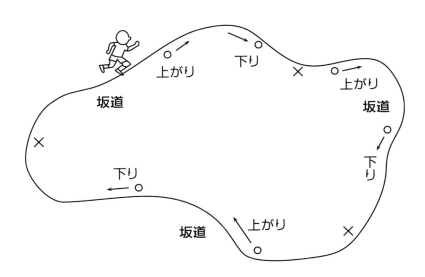

8 サーキット走（固定遊具や小山や木々などを利用）

準備　5～6ヵ所の運動のできる場所とそれを巡るコースをつくる。

それぞれの運動の方法、回数を決めておき、コースを巡りながら各場所で運動をする。走るのは全力でなくても良い。また運動で疲れたら走るスピードを落すようにする。

＊運動の例（絵の番号参照）
　①鉄棒の前ふり
　②ブランコあそび
　③砂場で3歩助走幅跳び
　④木立ちで、木立をぬって走る、枝にぶらさがる
　⑤雲梯を渡る
　⑥壁（標的）に、ボールをぶつける

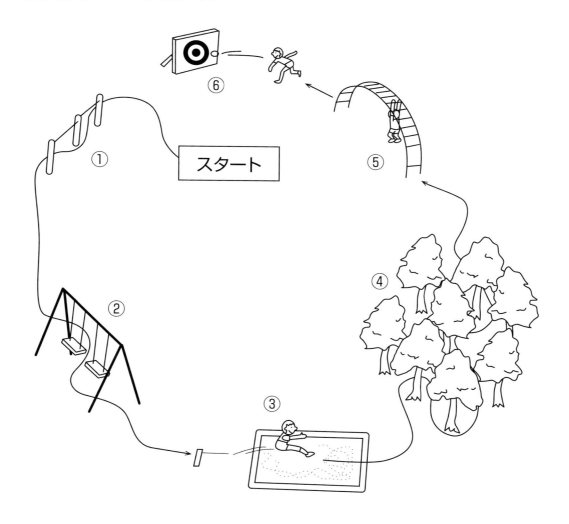

9 持続走

15分間でどれくらい走り続けられるか、距離を競う。最初は5分間走ってどれくらい走ったかを試してみる。そして次第に時間をのばすと良い。途中つらくなったら歩いてまた走る。

＊15分間走の練習を次の方法でする。
　・1分間走って1分間歩く×8回
　・2分間走って1分間歩く×5回
　・3分間走って1分間歩く×4回
　・4分間走って1分間歩く×3回
　・5分間走って1分間歩く×3回
　・7分間走って1分間歩き、7分間走る
　・15分間走り続ける
以上のように徐々に走る時間を多くしていき、
15分間走り続けるように練習をする。

子どもの時間走

幼児から少年期では、長くてもせいぜい10分〜15分程度で、それ以上になると負荷が大き過ぎる。
また、幼・少年には、15分間でも一定の比較的速いペースで走るのはきつい。最初から終りまで同じペースで走ることを要求せず、図のように、ゆっくり走る、やや速く走る、歩くなど、疲れ具合に応じてスピードを変え、10分〜15分間走るようにするのが良い。

時間走を行う場合、コンクリートやアスファルトのコースは、地面からの反動が強いため、できるだけ避けたい。特に幼・少年期には身体への障害をもたらす恐れがある。土・芝生など柔かいコースで行うようにしたい。

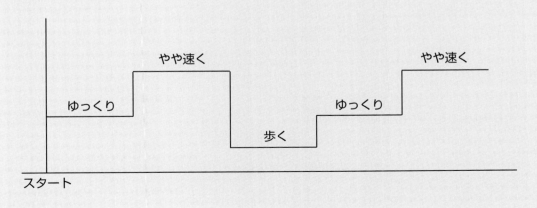

マラソン

「マラソン」とは、正式には 42.195km を走りつづけるレースのことである。一般に長距離・長時間走を「マラソン」と呼ぶ場合も多く、ここでは子どもにとって比較的長い距離や、比較的長い時間を走りつづけるような競走を集め「マラソン」とした。

長く走りつづけるためには、スタートした最初から全力で一生懸命に走ったのでは長く走ることができない。一定の速さを持続させる方法（ペース）で走らなければならない。

子どもにとっては、ただ長く走りつづけるだけでは、面白さがなくて長つづきがしない。また、長く走りつづける機能は、17～18歳頃から急激に伸び、20歳を過ぎてから完成するものである。したがって幼児期・少年期は、持久的な運動をするには適さないのである。

子どもの長距離走は、他のいろいろな動きをとり入れながら、展開するのが良い。なわ跳びをしながら走ったり、ボールを蹴りながら走ったりするなどの工夫をしたいものである。

実際編②　体育遊具を使わない体育あそび

Ⅱ．跳びっこあそびの考え方と指導の要点

1）跳びっこあそびの考え方

　子どもは、2歳頃から道端に水たまりがあれば、それを跳びっこします。これが、子どもの跳ぶあそびのはじまりでしょう。3歳頃になると「ここから跳び下りられるか」「あの枝に跳びつけるか」といった競い合いとしての跳ぶあそびがはじまり、やがて、4歳にもなると、跳ぶ―着地までの動作が完成します。

　5歳頃になると、からだの重心を地面から浮きあがらせる運動あそびを多く好んで行うようになります。つまり、目標に対してからだを地面から浮きあがらせるといった「跳ぶ運動」が中心となるのです。

　幼少期の跳ぶ運動は、高く跳ぶ、幅を跳ぶことを競うよりも、こうしたさまざまな跳び方を多様に行えることをねらいとして行うのが望ましいのです。

　連続して跳ぶ運動には、リズムが必要です。たとえば、歌をうたって集団で行う「なわ跳び」あそびなどがあり、こうしたあそびにおけるリズムは、幼少期の運動として大切です。

　「ゴム跳び」あそびをみても、より高く、より遠く、より上手にという、3つの跳ぶ形態がみられます。

　高く、遠く跳ぶあそびは、跳ぶ強さを評価することに重点をおくあそびですが、より上手に跳ぶあそびとは、跳び上がったからだのバランスや、リズムをとって跳ぶ、いろいろな場所で跳ぶ、正確な方向に跳ぶ、つづけてなわ跳びを跳ぶなどを評価するあそびです。子どものあそびには、こうした高く、遠く、上手にという3つの形態が混合しているものが多く、特に上手に跳ぶことに重きをおいたあそびが多数みられます。たとえば、「ケンパー」というあそびは、力強く遠くへ跳ぶことよりも、正確に円の中に跳ぶとか、片足でバランスよく跳ぶなど、上手に跳ぶことが求められるあそびです。

　「跳ぶくらべ」では、まず広く行われている基本的な跳ぶあそびの「ゴム跳び」「なわ跳び」から入り、つづいて集団で行う「馬跳び」「ケンパー」などの「跳ぶゲーム」によって、さまざまな跳ぶ運動を展開して、さらに「幅跳び」「高跳び」へと発展して、競技的な跳躍につながっていくことを考える必要があります。

2）跳びっこあそびの指導の要点

　跳ぶ運動の指導は、最終的には、より遠くへ跳ぶ、より高く跳ぶ、より上手に

（上手く）跳ぶことをめざすものです。指導の場面では子どもたちのあそびやゲームを生活行動の中に取り入れ、どのような跳ぶ運動があるか、どのように跳ぶ運動をつくりうるかから出発します。

その場で跳ぶことから、助走して跳ぶ、一定のリズムで何回もつづけて跳ぶといった段階で進めるのが一般的です。方法として、あそびやゲーム、物を媒体として跳ぶなどがあります。また、跳ぶことと走ることの関係も重要なポイントです。

さらに、子どもにとって必ず跳びやすいほうの足と、そうでない足とがありますが、子どもの跳ぶ運動では、早くから踏み切り足を固定しないで、どちらの足でも踏み切ることができるようにするのがベターです。

実際編② 体育遊具を使わない体育あそび

跳びっこ Ⅰ

1 ケンケン競争

準備　スタートとゴール、または目標物を設ける。

片足ケンケンで走って行き、早くゴールした人が勝ち。目標物の折返し競走にしても良い。

＊5人ずつくらいの数組で、折返しケンケンリレーをする。
＊折返しのところで足を替えても良いことにする。

2 跳びつきあそび

背の高い人（大人）がハンカチ、タオル、タンバリンなどを持ち、それにその場高跳びで跳びつき捕る（タンバリンをならす）あそび。次第に高く持ってもらい、誰が高いところまで跳びつけたか競う。

＊背の高い人に背をむけて立ってもらい、跳び上がってその背に跳び乗る。誰が上手に跳び乗れたか。
＊背を向けて立ってもらい、2～3歩走りこんで、その背に跳び乗る。

139

3 跳びじゃんけん

連続跳びをしながらじゃんけん。負けたら深く
しゃがんでから跳び、また続けるあそび。

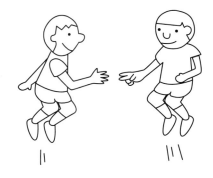

4 足じゃんけん

「じゃんけん」と跳んで、「ホイ」と着地したとき足でグー・チョキ・パーをつくる。負けたら
深くしゃがんだ姿勢から跳び上がるあそび。

両足を閉じたら　グー　　　　両足を前後に開く　チョキ　　　　両足を左右に開く　パー

＊跳んでひと回り（360度）してから着地して、足で形をつくる。
＊10回勝負、15回勝負などを競う。

実際編②　体育遊具を使わない体育あそび

5 走って跳びタッチあそび

立木、すべり台、高鉄棒などを利用し、みんなで走っていて、立木やすべり台などのあるところに来たら、走る勢いを利用して思いきり跳び上がり、枝や鉄棒などに跳びついてタッチする。誰がいちばん高い物に跳びつけたか、幾つ跳びつけたか、競いあう。

6 よこ跳び競争

平行線を左右跳びで跳びながら前に進む競走。2本の平行線を人数分ひき、端から端までをスタートとゴールにする。線に触れるとゴールに戻ってやりなおす。両腕を後ろに組んで跳ぶ。

＊平行線の幅を広くすると跳ぶ動きが大きくなる。

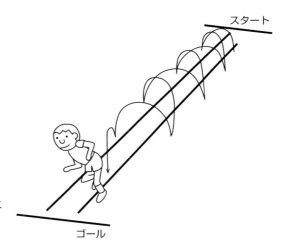

跳びっこ Ⅱ

1 石跳び

石を置いて大きい円をつくる。石の代りに片足が入るくらいの輪をかいても良い。石の間隔は変化させると良い。
石（輪）から石（輪）へ、跳んで円を回り続け、後ろの人に追いつかれた人が外れていき、誰が最後まで残るかを競争する。

＊石（輪）から足を外したら跳びなおし。

2 ケンパーあそび

絵のように1から10までの円と、スタート線をかく。各自小石1個ずつ用意する。順番を決め、1番の人がスタート線から1の円に小石を投げ入れ、小石の入っている円をとばして、ケンパーと跳んでいき、10の円で折り返し、小石を拾って戻るあそび。小石を円に入れられなかったり、円の中に跳べなかったりしたら次の順番まで待ってやりなおしとなる。全員が順に終ったら次は2の円に石を入れ、同じ方法で進み、早く10の円まで進んだ人が勝ち。

＊円と円の間を広げて幅跳びをする。

実際編② 体育遊具を使わない体育あそび

3 その場跳びあそび（立幅跳び）

いろいろな跳び方で誰が遠くへ跳べたか、上手に跳べたかを競いあうあそび。
・砂場・草地・マットなどへ跳ぶ。
・少し高い位置から遠くへ跳ぶ。
・少し高いところへ、遠くへ跳ぶ。
・跳んで180度向きを変えて着地する。

＊立幅跳びは決して脚だけで跳ぶのではなく、両腕を前後に振り込み、腹筋、背筋の力や、爪先の蹴り出しなどを使い、全力で跳ぶ全力運動である。
＊一定の距離を越えることを目標とする。線を引いて目標とし、それを越えると天国、線までが地獄で何回もやりなおし、などとゲーム化すると良い。

4 2段跳びあそび

2段跳びで、遠くへ跳ぶ競争。両足で踏み切って跳び、右また左足で着地して、その足で続けて跳び、両足で跳び下りる。

＊1回めの跳びで、右足で着くのと、左足で着くのとでは、どちらが上手に遠くへ跳べるか。
＊坂を下から上へ、上から下へ、斜めに、2段跳び。

143

5 3段跳びあそび

3段跳びで、遠くへ跳ぶことを競い、表のようにいろいろな跳び方で跳んでみる。ホップ（跳んで！）、ステップ（リズムをとって！）、ジャンプ（大きくはずんで）のリズムを身につける。

いろいろな3段跳び

Hop	Step	Jump	着地
両足	→右足	→右足	→両足
両足	→左足	→左足	→両足
両足	→右足	→左足	→両足
両足	→左足	→右足	→両足
右足	→右足	→右足	→右足
左足	→左足	→左足	→左足
両足	→両足	→両足	→両足

＊両腕を両脇につけたまま跳ぶ、大きく振り込んで跳ぶ。

6 跳びくらべ（走り幅跳び）

いろいろな助走の距離で、遠くへ跳ぶ。どの距離がいちばん遠くへ跳べたか、誰がどの距離で遠くへ跳べたかを競いあう。
・最初は、1歩踏み出しで跳ぶ
・次に、5ｍの助走で
・さらに、10ｍ、20ｍ
まで、助走の距離を長くして跳んでみよう。どの距離がいちばん遠くへ跳べたか、グラフをつくると良い。

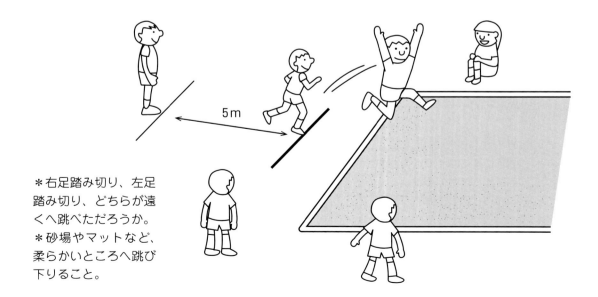

＊右足踏み切り、左足踏み切り、どちらが遠くへ跳べただろうか。
＊砂場やマットなど、柔らかいところへ跳び下りること。

跳びっこ Ⅲ

1 しゃがみ幅跳びあそび

しゃがんだ姿勢から思いきり跳び上がって、遠くへ跳ぶ。誰がいちばん遠くへ跳べるか、競いあおう。

＊跳ぶ方向を変えてしゃがみ幅跳び。前方。右・左の斜め前方。右・左へ横跳び。
＊両手両足をついた「かえるさん」の姿勢から、かえる跳びで幅跳び。

2 積木跳びあそび

片足で積木を跳び越し、両足で安全に着地する。

3 交替馬跳びあそび

準備　ゴールとスタートの線を引く。
各組スタート線でじゃんけんをし負けた人が最初の馬となり、勝った人がそれを跳び、跳び下りたところで馬となって、馬をしていた人がそれを跳び、馬と跳ぶ役を交互にくりかえし、早くゴールした組が勝ち。

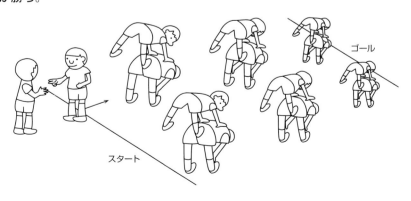

4 じゃんけん馬跳びあそび

全員自由に走っていて、誰とでも出あったらじゃんけんをし、負けた人が馬になり、勝った人が跳んで下をくぐる。一定の時間内に何人の馬を跳んだかを競いあう。

＊走りまわる区域を決めておく。

5 馬跳びあそび

交代で1人が馬になり、いろいろな跳び方で跳び越える。
・低い馬を跳ぶ
・高い馬を跳ぶ
・横跳びで回って跳び越える。

＊馬の高さを変えたり、跳び方を工夫してみよう。
＊跳んで、できるだけ遠くへ着地するようにしてみる。それには両手を馬の背中から離す少し前に、腕でからだを押しあげるようにする。

子どもと馬跳び

馬跳びあそびは、いろいろな運動の手段として利用できる。脚を中心とする跳ぶ運動であるが、からだを持ちあげることによって全身的な運動に近い。準備運動としてからだをほぐすのにも適している。

6 走り馬跳びあそび

馬の人と親とを1人ずつ決め、馬の人はスタート線から少し離れて馬をつくり、他の人は親を先頭に1列に並ぶ。まず親が馬の位置まで、何歩か（たとえば3歩）で行き馬を跳び、次の人からみんなは、その親と同じ歩数（3歩）で行き、跳ばなければならない。馬は1人が跳ぶごとに1歩ずつスタートより遠くに移動する。

跳びっこ Ⅳ

1 ゴム跳び越し

リズミカルに調子よく、いろんな高さの
ゴムを跳び越す。

＊踏み切りは片足。

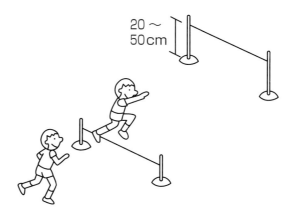

2 ゴム跳びリレー

ゴムをもつ2組を決め、組になった2人
はゴムを持つ。ゴムの高さは膝から始め
次第に高くしていく。

＊スタートの合図で各組1人ずつ
走りゴムにふれないように跳び越え、
旗を回ってリレーをする。

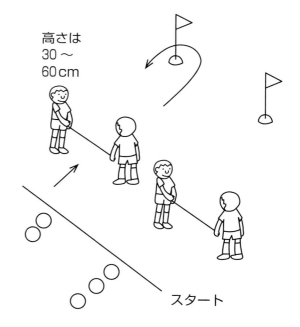

実際編② 体育遊具を使わない体育あそび

3 馬跳びリレー

スタートとゴールを決め、各組全員スタートのところからゴールのほうへあらかじめ馬をつくり、縦に一列に並んでおく。順に前に馬跳びを続けて、早く全員ゴールした組が勝ち。馬の最後尾の人は前の人が跳ぶと、すぐに立ち上がってその人を追いかけて跳ぶ。

＊馬は高くつくる。次の馬へは1歩で跳ぶ。

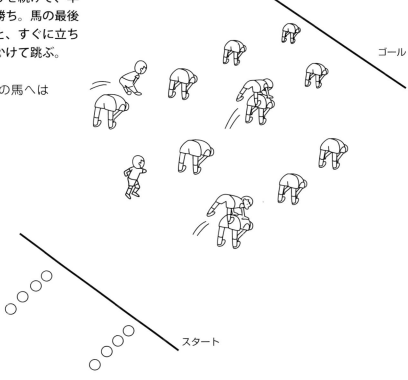

4 高さを超えて走り幅跳び

助走をし、片足で踏み切って、ゴムにふれないようにして安全に着地をする。

高さは膝ぐらい
やわらかく着地をする

＊ゴムを張って、正面から助走をしてきて跳び越える幅跳び。

5 連続5段跳び

5段跳びで、遠くまで跳ぶことを競う。

子どもの連続跳び

　幼児や少年の連続跳びは、距離を競うよりも、動きのリズム、バランスを身につけるための運動である。脚力が弱いためにひと跳びひと跳びをはずませるようなジャンプでなく、走りぬけるジャンプとして行うと良い。

　第1歩を右足で着地するのと、左足で着地するのとでは、リズムも距離もちがう。自分のリズムを把むことが大切。

実際編②　体育遊具を使わない体育あそび

6 走り高跳び

走り高跳びのバーを設ける。
走り高跳びをしよう。いろいろな助走や、フォームで行ってみよう。
- いろいろな助走で
    ——右からの助走で
    ——正面からの助走で
    ——左からの助走で
- 助走の距離を変えて
    ——2～3歩助走で
    ——4～5歩助走で
    ——10歩助走で
- いろいろなフォームで
    ——ゴム跳び
    ——正面跳び（はさみ跳び）

必ず、両足で安全に着地する。

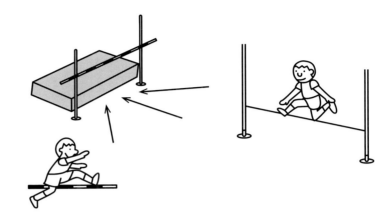

7 ハードル走

走路にハードルを設けておく。ハードルの代りにゴムを使うなど工夫をしよう。高さや間隔は自由に考える。

＊ハードルは、高く跳ぶ跳び方でなく、またぎ跳びで越える。幅跳びに近い形で片足ふみきりで片足で着地する。（どちらの足でふみきっても良い。）跳び越すときは、上体を前にねかせると良い。

＊最初は低い高さから行うと良い。20～30cm程度でも良いから、またいで走る競走から行う。

＊間隔は5～7m。

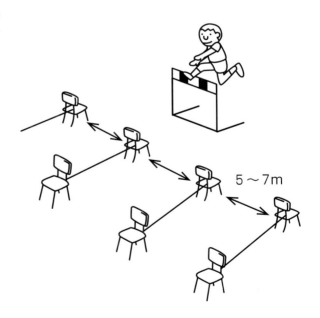

5～7m

子どもの高跳び

　幼児や子どもたちの高跳びは、原則としてはゴム跳びの発展で良い。技術面をあまり考えず、動作として危険の少ない正面跳びを行うのが最も望ましい。（148頁参照）

151

Ⅲ．表現あそびの考え方と指導の要点

1）表現あそびの考え方

　表現という言葉から、私たち大人が思い浮かべるのは、音楽家の素晴らしい演奏や美術館に並んだ絵画や彫刻の作品、劇場での演劇や舞踊の表現なのではないでしょうか。普通に生活する人々の日常からは少しかけ離れたもののように感じられるかもしれません。表現には、身体表現、音楽表現、造形表現、言語表現がありますが、どれも心身から発する心の躍動感を表現したものです。身体表現は文字どおり身体を使って視覚的に表現することですが、子どもの表現はどうでしょう。先生の弾くピアノにあわせて歌ったり、クレヨンで花や動物を描いたり、楽しかった遠足の思い出などを描いたり、また、アニメの主人公を演じてみたり、絵本の登場人物に変身したりなどは子どもの大好きな活動です。子どもたちはいろいろな種類の表現あそびを体験して育っています。歌を歌うことや絵本を読んでもらいイメージを豊かにふくらませることは、身体表現に欠かせない経験です。心が何かを感じ考えたことを、全身でなりきって表現しながら、お友だちとの関わりを深めていきます。

2）表現あそびの指導の要点

　1人で、2人で……複数でするいろいろな動きが関わって表現します。緩やかな動き、素速い動きを伴った表現あそび指導をすることで、運動のリズムも身につけるようになります。

　あそびによって役割がはっきりしているものを取り入れて展開し、協力し合うなどの一体感や仲間意識を持たせることも期待できます。

　なお、あそびによっては人数を増やすと危険な場合も出てくるので、充分配慮が必要にもなります。

　あそんでいるうちに子どもなりの創意工夫や新しい表現の仕方を考えたりなどしますので、認めたり、あそびが発展するように働きかけていくことも必要です。

実際編②　体育遊具を使わない体育あそび

表現あそび Ⅰ

1 わらべ歌であそぶ「なべなべそこぬけ」

「なべなべそこぬけ」に、2人で手をつないで歌いながら、リズムに合わせて手を揺らしながら行うあそび。相手を変えて、人数を増やすこともできる。最後の歌詞の部分を変えることで、表現あそびができるようになる。

〈あそび方〉

| なべなべそこぬけ | かえりましょ | なべなべそこぬけ | かえりましょ |
| そこがぬけたら | | そこがぬけたら | |

2人向かい合って手をつなぎ歌に合わせて揺らす。　手の下をくぐり裏返しになる。　背中合わせで揺らす。　2人向かい合う。

人数を増やして行う時は、1ケ所手を上げて山をつくりその山をくぐる。戻る時も同じようにして山をつくり、お尻からくぐると上手くくぐり抜けることができる。
歌いながら右手の方向に進む。山をくぐり抜けて外向きになった時も、同じように右手の方向に進む。

〈表現あそび〉
最後の歌詞の部分を変えて行うのも楽しい。「かえりましょ」を「ハグしましょ」に変える。「手拍子・ジャンプ・握手」などといろいろ考えてみよう。
年齢や子どもの発達に合わせて行うと良い。動きの変化だけでなく、動物や生き物に変身するのも楽しい。
子どもたちのなりたいものを選んですると良い。

153

2 わらべ歌であそぶ「あんたがたどこさ」

「あんたがたどこさ」は手まり歌で知られている。歌に合わせてまり（ボール）つきをするが、歌詞の「さ」のところでまり（ボール）を足の下にくぐらせたり、足の裏でついたり、おでこや肘でつくなどといろいろ工夫をすることで、ボールあそびがよりいっそう楽しくなる。「さ」のところで動くことによってリズム感・敏捷性・協応性が養われる。ボールを使わずにあそぶこともできる。「さ」のところでポーズをして、いろんな動きに変えてあそぶこともできる。

歌詞
あんたがたどこさ　　肥後さ　　肥後どこさ　　熊本さ　　熊本どこさ　　せんばさ
せんば山にはたぬきがおってさ　　それを猟師が鉄砲でうってさ　　煮てさ　　焼いてさ
食ってさ　　それを木の葉でちょいとかぶせ

〈あそび方〉

・歌に合わせて「さ」の時に肘でボールをつく。

・歌に合わせて「さ」の時に足の裏でボールをつく。

・歌に合わせて手拍子をする。「さ」の時に両手を上げる。（バンザイ）

・歌に合わせて手拍子をする。「さ」の時に右隣の人の肩をたたく。次の「さ」の時は左隣の人の肩をたたく。

・2人組で手をつなぎ、歌に合わせて自由に歩く。「さ」のところでお互いのお尻とお尻をくっつける。

・2人組で手をつなぎ、歌に合わせて自由に歩く。「さ」のところで2人の両手を手合わせさせてパチンと音をさせる。

・2人組で手をつなぎ、歌に合わせて自由に歩く。「さ」のところで方向を変える。

・2人組で手をつなぎ、歌に合わせて自由に歩く。「さ」のところでジャンプをする。

・2人向かい合って歌に合わせて右手と右手を合わす。「さ」で左手と左手を合わす。

・歌に合わせて歩く。「さ」のところで止まって好きなポーズをする。

「あんたがたどこさ」は、人数を増やすなどして、自由にアレンジして楽しむことができるあそびである。

実際編② 体育遊具を使わない体育あそび

3 わらべ歌であそぶ「だるまさんがころんだ」

「だるまさんがころんだ」は、子どもたちが止まったり、動いたりして、静と動の動きの変化を楽しむあそびである。鬼が「だるまさんがころんだ」と唱えて振り返ったら、他の子どもは静止し、また鬼が「だるまさんがころんだ」と唱えると動きだす。「ころんだ」の部分をいろいろと変えてあそぶことで、より楽しいあそびとなる。

歌詞
だるまさんがころんだ

〈あそび方〉
・鬼を１人決める。
・他の人は一列に並んで「はじめの一歩」と言ってあそび始める。
・鬼は「だるまさんがころんだ」と言って振り返る。鬼が振り向いたとき、動いてしまった人は鬼に捕まる。鬼のそばに行き助けを待つ。
・鬼に近づいたら「キッタ」と言って鬼に捕まった人の手を払い走って逃げる。
・鬼は「ストップ」と言う、みんなはその場に止まる。
・鬼はみんなが決めた歩数だけ進み、近くの人にタッチする。タッチされた人が次の鬼になる。

〈表現あそび〉
鬼は「ころんだ」のことばを変えて言ってみる。みんなは鬼のいうことをやってみる。
・「だるまさんが、ぞうさんになった」……ぞうさんになって動く。
・「だるまさんが、飛行機になった」……飛行機になって動く。
・「だるまさんが、ご飯を食べた」……ご飯を食べている様子をする。
・「だるまさんが、ちょうちょになった」……ちょうちょになって動く。
・「だるまさんが、おさるさんになった」……おさるさんになって動く。
・「だるまさんが、ライオンになった」……ライオンになって動く。
・「だるまさんが、ダンゴムシになった」……ダンゴムシになって動く。
・「だるまさんが、ロボットになった」……ロボットになって動く。

みんながなりたいもの（表現したいもの）を出し合ってみるのも良い。思いついたままですぐにからだで表現して楽しもう。

4 手あそび歌であそぶ「むすんでひらいて」

「むすんでひらいて」は、誰もが知っている手あそび歌である。この手あそび歌の最後の部分「その手を上に」の歌詞を、「その手を○○○に」と変えて楽しむ。

〈あそび方〉

むすんで　　　　　　ひらいて　　　　　　手をうって　　　　　　むすんで

またひらいて　　　　手をうって　　　　　その手を上に

〈最後の部分を変化させた例〉
「その手を飛行機に」で、両手は横に伸ばして飛行機になりきって動く。飛行機になって動く時、歌いながら動くと楽しく動ける。
歌詞は「飛行機ぶんぶん　飛行機ぶんぶん　飛行機ぶんぶん　とんでます」と歌いながら動く。メロディーは「むすんでひらいて」と同じメロディーで歌う。
「その手をお魚に」で、お魚になって自由に海の中を泳ぐ動きをするのも楽しい。歌詞は「お魚スイスイ　お魚スイスイ　お魚スイスイ　およいでる」
歌詞は自由に創り変えて歌ってみよう。

・「その手を上に」……おひさまを自由に表現しよう。

・「その手をオバケに」……オバケになって表現しよう。

・「その手をライオンさんに」……ライオンさんになって表現しよう。

・「その手をちょうちょに」……ちょうちょになって表現しよう。

・「その手をロボットに」……ロボットになって表現しよう。

子どもの好きな動物・昆虫・乗り物・食べ物・おもちゃなど、いろんなものを子どもたちから引き出す。お友達の動きをみんなで真似て動いてみるのも良い。

実際編②　体育遊具を使わない体育あそび

5 手あそび歌であそぶ「こんなことできますか」

リーダーはみんなが見える位置に立つ。リーダーの呼びかけにみんなは答え、動きを真似る。リーダーはイメージした動きを歌に合わせて出せるようにしよう。

〈あそび方〉
（リーダー）ぴよぴよさん……とりのくちばしの表現。
　　　　　　　　　　　　両手でパクパクさせてくちばしを表す。

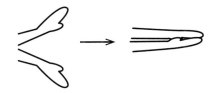

（子ども）なんですか……リーダーと同じ動き「くちばしの表現」をする。

（リーダー）こんなこと　こんなことできますか……動きを示す。

（子ども）こんなことできますよ……リーダーの動きを真似る。

リーダーの示す動きをしっかり見て、動けるようにしよう。
リーダーを交代してあそぼう。
最初はどんなポーズでも良いので、即興でポーズを出せるようにしよう。
いろいろな動きができることを子どもたちに知ってもらう。
自分の考えた動きを人前でできるようにしよう。
「こんなこと　こんなこと」の部分を増やして歌うのも面白い。「こんなこと　こんなこと　こんなこと　できますか」と歌うと動きが増える。動きが増えたことにより、子どもの集中力と記憶力を養うことができる。
子どもの年齢に合わせて増やしてみよう。

表現あそび Ⅱ

1 からだを意識するあそび

子どもたちに自分のからだを意識してもらえるように、からだの部位の名称を確認していく。名称を覚えやすくするために、リズムに合わせて楽しく覚えられるように工夫をすることも大事である。

〈あそび方〉
子どもたちに、自分のからだの名称をたずねてみる。先生が「頭はどこかな？」と言うと、子どもたちは自分の頭を触ってみる。その後は軽くトントントントンとリズムよくたたく。このようにしていろんなからだの部分に触れていく。子どもたちが、からだの名称を覚えることができたら、先生はからだのいろんな部位をランダムに発令（コール）していく。発令された部位を子どもたちは素早くタッチして、リズムよくトントンとたたく。

〈発令するからだの部分の例〉
「頭・肩・お腹・お尻・胸・膝・つま先・太もも・肘・耳・脇・おでこ・ほっぺ」

〈発令のポイント〉
1. 子どもたちに聞こえるように発令する。
2. タイミングよく発令する。
3. いつまでも同じ部位をたたかせない。子どもは飽きてくる。
4. 子どもの様子をしっかり見ながら発令する。

子どもたちが知っている曲を使ってするのも良い。曲は、子どもの年齢にあわせて選ぶと良い。ドラえもんやハムタローの曲は、年齢が低い子どもたちにはリズムが取りやすく、あそびが楽しくなるので良い。

実際編② 体育遊具を使わない体育あそび

2 ポーズあそび

・ピアノの音に合わせて歩く。ピアノが止まったらポーズをする。思いつくままポーズをしてみよう。

・ピアノの音に合わせて歩く。ピアノが止まったら強い人に変身してポーズをする。「強い人ってどんな人かな？」と子どもたちにたずねる。（アニメのヒーローかもしれない。）

・ピアノが止まったら、バレリーナに変身してポーズをする。バレリーナの特徴的なポーズを思い出そう。

・ピアノの音に合わせて走る。ピアノが止まったら忍者のポーズをする。忍者の特徴ある動きを思い出そう。

・3人でポーズをしよう。123と順番を決めてポーズをする。1番の人から太鼓の音に合わせて走り出し、太鼓が鳴りやむとポーズをする。2番の人も同様に走って1番の人の近くでポーズをする。3番も同様にして2人の近くでポーズをする。3人でどんなポーズができるのか、約束無しでできるポーズを楽しむ。順番を変えてするのも良い。

・「夏と言えば何を思い出しますか？」と子どもたちにたずねる。例えば「花火・スイカ・水泳・サーフィン・ひまわり・蝉取り・夏祭り・蚊取り線香・かき氷」などがあるが、子どもたちが思い出した中から3人でポーズをしてみよう。

ポーズあそびをしているうちに、思いがけないポーズができたりする。そのポーズをみんなで真似ることも楽しいポーズあそびの楽しみのひとつになる。できるだけ多くの子どもたちの真似をすることも大事である。最初は友だちの真似をしていた子どもが、しだいになりきって動いたり、工夫して動く様子も見られるようになる。

3 なりきってあそぶ（風船）

子どもたちは心が柔軟で、現実と非現実の世界を行ったり来たりすることができる。また、何かになりきってあそぶことも上手にできる。目の前の具体的なものに誘発されて体が動きだす。多様な動きを楽しむことのできる風船を表現してみよう。

〈風船の表現〉

（先生）「風船に空気を入れていくからね。どこから膨らむのかな、肘かな、お腹もシューシューシュー……段々と大きくなってきたよ。」

（子ども）風船の膨らむ前の表現。段々と風船が大きくなっていく様子を表現する。いろいろな体の部分を動かして、段々と立ち上がっていく。

（先生）「口を結んでない風船を離してしまいました。風船が飛んで行く……どこへ行くのかな……風船がしぼんでしまいました。」

（子ども）風船が飛んで行く様子の表現と、しぼんでいく様子を表現する。

（先生）「もう一度膨らますよ、シューシューシュー……今度はどこから膨らむのかな。お尻・背中・腕・脇・頭……もっともっと大きくなるよ……パーン、割れてしまいました。」

（子ども）風船の膨らむ様子を表現し、大きく膨らんだ風船が割れる様子も表現する。

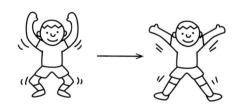

子どもの年齢が低い場合は、実際に風船を膨らませてみると良い。
グループで大きな風船を表現してみよう。（人数は子どもの年齢によって考える。）
どのような風船を膨らませるのか話し合う。大きく膨らんだ風船でどのようにするのか、また最後をどのようにして終わるのかを話し合って決める。
膨らんだ風船を使い、バルーンアートでいろんなものを表現してみるのも良い。バルーンアートから、いろいろ発展させていくことで表現がより豊かなものになる。

実際編② 体育遊具を使わない体育あそび

4 なりきってあそぶ（忍者）

忍者は、子どもたちにとって動きの面白さにあふれた大好きな題材である。音もなく走る、様々な術を使って動くことのできる忍者、自由にイメージを広げて忍者の多様な動きをしてみよう。忍び・対決・忍法の動きを身につけて、忍者の世界を楽しもう。

〈忍者の表現〉
忍者について話し合い、忍者の動きのイメージを出し合う。
 1. 音もなく走る……ピタッと止まる 2. ヒラリと隠れる……聞き耳を立てる
 3. 手裏剣や刀で戦う……まきびしをまく 4. 水の中を進む……竹筒で呼吸をする
 5. 吹き矢で戦う……天井裏で戦う 6. ヒラリと跳ぶ……転がる、伏せる

忍者はどんな術が使えるのか話し合う。
 変身の術・分身の術・隠れ身の術・水とんの術・たつまきの術
 火とんの術・目つぶしの術・忍法くもの糸

忍者の特徴的な動きをしてみよう。（3つの場面をつなげて表現してみよう。）
 1. 音もなく走る
  ↓
  手裏剣や刀で戦う
  ↓
  たつまきの術

 2. 城に侵入
  ↓
  水の中で戦う
  ↓
  水の中を進む

 3. 分身の術
  ↓
  密書を探す
  ↓
  密書を持ち帰る

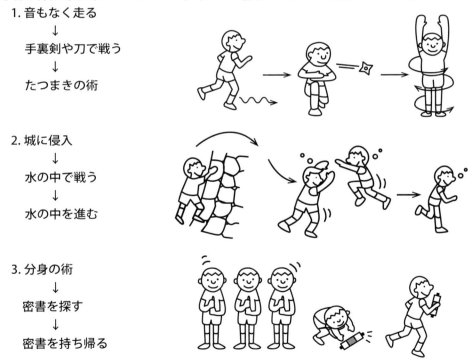

・お城に忍びこむのに、どのようにして忍びこむかを話し合う。
・グループに分かれて動きを行う。
・イメージにふさわしい音楽や、用具を使うことで表現しやすくなる。

表現あそびは、特徴をとらえてそのものになりきって全身で動く事が大切である。

Ⅳ. ケンパー・スキップなどのリズム・体育あそびの考え方と指導の要点

1) ケンパー・スキップなどのリズム・体育あそびの考え方

　子どもは、テレビなどで耳慣れた歌やコマーシャルなどの曲に合わせ、嬉しそうに、楽しそうに身体を動かして可愛いしぐさをします。

　リズムに合わせて自然に身体を動かしたり、つま先歩き・かかと歩き・四つん這いで動き回ったり、階段から跳び下りることも繰り返すようになります。

　いろいろな曲に合わせて動くことを楽しめる環境を整えましょう。

2) ケンパー・スキップなどのリズム・体育あそびの指導の要点

　フープを利用して、連続性のあるジャンプに挑戦してもらいます。子どもと一緒にリズムのとりやすい並べ方を工夫してあげましょう。ジャンプをしたらフープの中に着地して前へ進みます。フープが1個なら片脚（ケン）、2個なら両脚（パー）をつくというように指導します。「ケンケンパー」や「ケンパー」など、いろいろなバリエーションをつくり出して楽しみましょう。

　　直径 50cm くらい
　　　フープ

実際編② 体育遊具を使わない体育あそび

ケンパー・スキップなどのリズム・体育あそび Ⅰ

1 ケンパー跳び

典型的なケンパー跳び

◯ → ケン
◎ → パー

ケンをだぶらせたケンパー跳び

◯ → ケン
◎ → パー

パーをだぶらせたケンパー跳び

◯ → ケン
◎ → パー

 留意点

　ケンパー跳びでは、リズミカルに跳ぶことに重点をおいて指導する。
　ケンの円と、パーの円を色のちがうフープや円を使うことによって区別してやると良い。
　各円の間隔は子どもの跳ぶ様子を見ながら適当に調節すること。

163

2 変則的なケンパー跳び

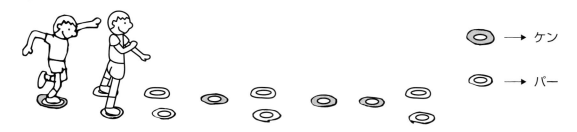

上図は1例にすぎないが、もっとたくさんのバリエーションが考えられる。

 留意点

変則的なケンパー跳びでは、リズムがなかなかつかみにくい。そこでパターンの知覚と運動の協応が一層要求されることになる。

用具

フープ（小型…外周25cm位、細いロープ等でつくったものが良い）
紅・白等色分けしたものをそれぞれ10本用意する

ケンパー・スキップなどのリズム・体育あそび Ⅱ

1 斜め前へのケンパー跳び

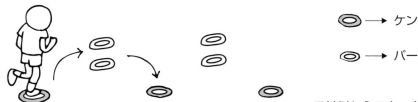

○ → ケン
◎ → パー

常に右足でケン

反対側からスタートさせても良い
（その場合は常に左足でケン）

 留意点　ケンの円とパーの円を色ちがいにして区別する。
正確に、しかもリズムに乗ってできるようにする。
円の間隔は、状況に応じて調節する。

2 側方へのケンパー跳び

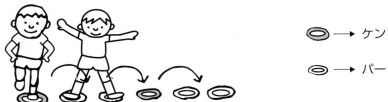

○ → ケン
◎ → パー

常に右足でケン

反対側からスタートさせても良い
（その場合は常に左足でケン）

3 スキップ・パターン

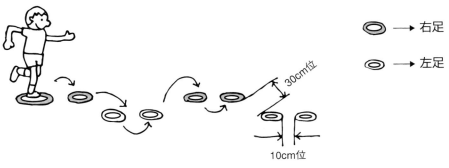

○ → 右足
◎ → 左足

30cm位
10cm位

留意点　最初は正確に跳ぶように指導する。
慣れてきたら、スムーズにリズミカルに跳べるようにする。
（スキップに近いリズムになる）

実際編

3

園外あそび

1 近隣の公園・川堤・野原等でのあそび

2 近郊の里山・河川等でのあそび

春	タンポポ		…など
春～秋	ナズナ	カラスノエンドウ	
	シロツメグサ	スズメノテッポウ	…など
オールシーズン	松葉	シダ ドングリ	
	いたどり	木の葉 笹	…など

園外あそびの重要性

　ある統計によると、幼児の一日に歩く距離が大幅に減少していることが分かり、警鐘を鳴らしています。具体的には 20 年前との比較で一日に 3,000 歩程度の減少であるといっています。

　その減少した歩数の 90％以上は家庭での生活にあるそうです。園での生活では、保育者の配慮や努力によって 20 年前とあまり変化がないのに、なぜ家庭生活では歩かなくなったのでしょう。

　園への送迎は？　保護者の買い物時の同伴とその方法は？　居住空間での行為や行動は？　兄弟姉妹は？　あそびの内容は？　休日の行動は？……と、生活の一つ一つに視点を当ててみれば、納得もいくといえましょう。

　冒頭にも述べましたように、幼児期には全身を使って行動し、五感をはじめ運動器（筋肉、神経、骨、腱等）から感じ取る多様な刺激によって、知・徳・体・情・意にバランスのとれた発育や発達が得られるのです。

　歩数が減少しているという事実から推察すると、幼児の生活での行動範囲が狭小化していることと、歩数が多くなるであろう屋外でのあそびや行動が極度に少なくなっているのであろうことも容易に想像することができます。

　また、最近になってよく報じられるようになった「園庭や校庭でのビオトープ（小さな自然）づくり」も、一日の歩数の減少の延長線上にあることも理解できましょう。それは歩数の減少＝屋外（野外）での生活時間の減少＝自然との触れ合い機会の減少＝ビオトープの設置……こんな構図を描くことができます。

　自然との接点を多く持つことによって、観察力・洞察力・創造力など「生きる力」を培えることは、すでに多くの事象から検証もされているところです。このことを保護者の皆さんにも理解を深めていただくことは当然ですが、園での保育課程にも配慮が必要なことも事実でしょう。

　この項では、園の近隣にある公園や小川、ちょっとした道路脇などにみられる草花（主に雑草）を使ったあそび、また、一日行事や遠足などで行動範囲を広くして接する里山や河川敷公園などで拾ったり採取した実や葉によるあそびを集録しましたので、試していただきたいと思います。いろいろの場所で採集したものたち（木や草）は大部分が私達と同じ生命のあるものたちなので、「ありがとう」の感謝の気持を、子どもたちに伝えていただくよう、お願い致します。

1 近隣の公園・川堤・野原等でのあそび

　幼稚園・保育所の運動場や近くの公園・緑地などを対象にしてできるあそび。タンポポは春のみ、ナズナ、シロツメクサ、カラスノエンドウ、スズメノテッポウは春から秋に使えます。

1 ナズナのすずを使ったあそび

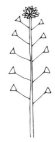

※「ナズナ」（春の七草の一つ）は「ペンペングサ」ともいう。

①小さな実を下に向けて引っ張り、下の図のようにブラブラする。

②耳のそばに持っていって、左右に回転して振る。

③どんな音が聞こえるか。

2 オオバコの力相撲

①オオバコの花の茎を摘み取る。

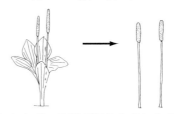

② 2人のオオバコの茎を図のようにからめる。

③「いち、に、の、さん」と掛け声をかけて同時に引っ張る。
④切れたほうが負け。

※松葉など細長い葉や茎をもった草木を使ってもできます。

3 タンポポの風車

①できるだけ花の茎の太いタンポポを探す。

②約 10cm 以上の長さの茎を切りとる。
③茎の両端に 3〜4cm の切込みを入れる。

④水に漬けて、切り込んだところを反りかえらせる。（水の中で自然になる。）

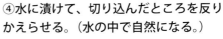

⑤茎の穴に松葉などを入れて、タンポポの花（風車）に息を吹きかけるとくるくると回る。

※小川の流れに入れると回転する（水車）

4 イタドリの水車

①茎のやわらかい春頃のものが良い。

②図のように切込みを筒全体が7～8分割になるように入れる。切込みの奥行きは、5～6cm程度。

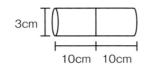

③全体を水に漬けると、切込みが反りかえる。

④心棒（素材は丸型で径1cm程度、真直ぐな長さ20cm以上）のもの（しのぶ竹、小枝など）を、事前に準備する必要がある。

⑤小川など流れのあるところに入れる。

5 シロツメグサの冠と首飾り

※「シロツメグサ」は「クローバー」ともいう。シロツメグサの代わりにレンゲを用いても良い。

〈冠〉

①シロツメグサを摘み取る。

②1本ずつ図のように花と花の間に隙間ができないように注意しながら結ぶ。2～3本を一つに束ねて同じように結ぶのも良い。

③冠の大きさになったときに、輪にして最後の茎は最初の花と花の間に②と同じようにして結ぶか、糸で結ぶ。

〈首飾り〉

①シロツメグサを摘み取る。

②1本ずつ図のように茎の下の部分に縦の切込みを入れる。

③次の花の茎を②で入れた切込みに通す。

④作業①～③を繰り返す。

⑤首飾りに適当な長さになったらやめて、最後の花の茎を最初の花の茎に通し、輪にする。

実際編③　園外あそび

6 松葉あそび

〈力相撲〉　169頁参照

〈ほうき〉
①松葉をたくさん集める。
②図のように束ねる。
③セロテープで図のように巻く。
④小さなほうきとして掃くのに用いる。

〈相撲〉
①〈ほうき〉の①〜③と同じようにして松葉の束をつくる。
②上に標識になる木の葉などを差し込む。
③机やテーブルに土俵を描いて、その真ん中に松葉の力士をお互いに支えるようにセットする。
④土俵の周りをたたいて先に倒れたほうが負け。

7 笛つくり

〈広い葉〉
①サクラなどの幅の広い葉をとる。
②図のように斜めに巻いていく。
③小さい口の方を押してだ円形にして吹く。

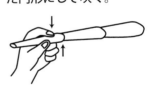

〈スズメノテッポウ〉
①スズメノテッポウを抜き取る。
②図のように穂先を抜き取る。
③葉を下側に折り曲げる。
④葉を折り曲げたところを口に軽くくわえて吹く。

〈カラスノエンドウ〉
①サヤを茎から摘み取る。
②サヤを裂いて、中の豆を取り出す。
③図のように茎についていた方を切る。
④切った所と逆の方をくわえて吹く。

8 木の葉のうつし絵

①いろいろな形の木の葉を集める。

②少しかたい台の上に木の葉を乗せる。

③その上に白い薄い紙を乗せる。

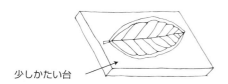

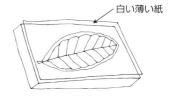

④その白い紙の上からクレヨン、色鉛筆、鉛筆のいずれかでこする。

⑤木の葉の形がうつしとれる。

⑥①〜⑤を繰り返し、集めた木の葉をできるだけ多くうつし取る。

9 押し葉

①いろいろな木の葉を集める。

②集めた木の葉を折れたり破れたりしないように新聞にはさむ。

③木の葉を新聞紙にはさんだまま落とさないように持って帰る。

④木の葉をはさんだ新聞紙を平らなところに置き、その上に重い本を置く。

⑤最初は毎日か2〜3日ごとに新聞紙を取り替える。

⑥木の葉から水の出る量が少なくなってきたら、新聞紙を取り替える間隔を長くする。

⑦木の葉から水が出なくなったら出来上がり。

2 近郊の里山・河川等でのあそび

1 森の中の迷路あそび

①年齢や幼児および指導者の人数に合わせて森の場所・あそぶ面積等を選ぶ。

②スタートラインとゴールラインを決める。

③指導者がロープや石灰で迷路をつくる。

④数人で一組のチームをつくり、互いに相談しながら迷路を歩く。

⑤スタートからゴールまでの所要時間で順位を決める。

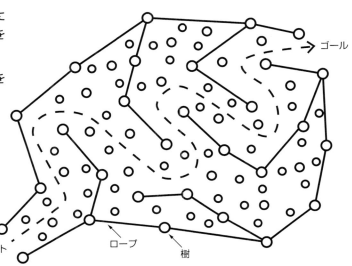

2 自然探検

①指導者の人数に合わせてグループ分けをする。
②指導者と幼児が一緒になって探検の内容を相談する。
　・木の葉の形や大きさの違うものを集める。
　・木の太さや高さの違うものを調べる。
　・きのこが生えているところを探し、どのような所によく生えているかを考える。
③探検が終わった後、体験したことを全員に話をしてもらう。

3 シダの飛行機

①シダを探す。　　　②シダの葉を図のように切り取る。　　　③図のように持って飛ばす。

④同じ位置から飛ばし、飛ぶ距離または飛んでいる時間を競争する。

※ホオバ（ホオノキの葉）がある場合には、次頁のようにして飛行機をつくり飛ばす。

①ホオバを探す。　　②ホオバの太線で囲まれて　　③図のように持って飛ばす。
　　　　　　　　　　　　いる部分を切り取る。

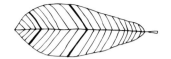 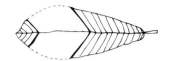 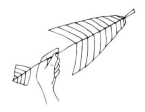

④同じ位置から飛ばし、飛ぶ距離または飛んでいる時間を競争する。

4 ドングリの独楽

①図のようにドングリには多くの種類があるが、大きくて樽のようなドングリ（アベマキ、クヌギなど）を探して拾う。

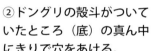

アベマキ　　コナラ　　　アラカシ　　マテバシイ
クヌギ　　　ミズナラ　　シラカシ　　シリブカガシ

②ドングリの殻斗がついていたところ（底）の真ん中にきりで穴をあける。

③きりであけた穴に楊枝をいれて適当な長さに切る。

④できた独楽を回して誰の独楽が長く回るかを競争する。

5 落ち葉のステンドグラス

①落ち葉を集める。

②台紙を用意する。　　　③枠をつくる。　　　　④粘着シートを貼る。

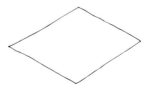  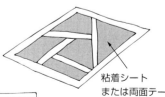

粘着シートまたは両面テープ

⑤落ち葉を貼り付ける。

⑥窓ガラスに貼る。

実際編③　園外あそび

6 落ち枝のフレーム

①落ち枝などを集める。

②ダンボールで表板をつくる。

③ダンボールで裏板をつくる。
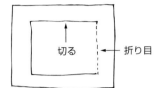

④表板に枝を貼り付ける。

⑤表板と裏板を一端で貼りあわせる。

⑥紐をつける。
⑦写真を入れて飾る。
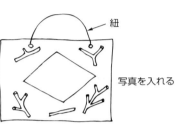

7 ささ飴

①ささの葉を集める。

②①の点線にあわせて（1）、（2）、（3）、（4）、（5）……の順に折っていく。

③柄を折りたたんだ葉の間に入れる。
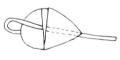

④葉の間に入れた柄を引っ張る。
⑤形を整える。

8 ささ舟

①できるだけ大きなささの葉を探し、切り取る。

②ささの葉の両端を図のように折り曲げる。

③折り曲げた両端の葉に図のようにゆびで切込みを入れる。

④切込みを入れた葉を図のように組み合わせる。

⑤川に浮かべて、同時にスタートさせて誰のささ舟が早くゴールに着くかを競争する。

2　近郊の里山・河川等でのあそび

9 タラヨウの葉で、字（絵）を書く

①木のエンピツ（先を少しとがらせる）をつくる。
（魔法のペンと呼ぼう。）

②この魔法のペンで、○×△等を書くと、
しばらくして○×△等が表われてくる。

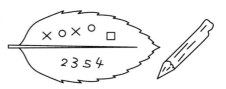

> タラヨウは郵便局の木といわれている。（葉に書ける、「葉書き」である。）東京中央郵便局をはじめ、地域の郵便局の前に植えられていることも多い。
> また、昔、寺の小坊主がこの葉で写経をしたともいわれている。

10 コシアブラ・タカノツメの木で小刀をつくる

4～7月頃は、木が水分を多く含んでいる。
①「この部分」に皮のみ切り目を入れる。
（ここまでは大人が行う。）
②「この部分」をスベスベした、棒状のもので全体をよくこする。
③「この部分」を握って、回すと、皮と木質が分かれ、皮が刀のサヤになる。

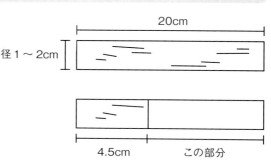

11 アオカラムシ・ヤブマオの葉でテッポウの音のあそび

①適当な大きさ（対象者の手の大きさによる）の葉をとる。

②図（点線）のように親指と人指し指で輪をつくり、その上に葉を乗せる。

③つくった輪の中心を凹状になるように、もう一方の手で静かに押さえる。

④その凹を手の平でたたくと、音がでる。

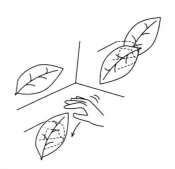

12 ヤエムグラの勲章

葉の裏面や実を衣類につけると、
図のように勲章になる。

・ヤエムグラの葉
・アメリカセンダングサの実

実際編③ 園外あそび

野鳥の豆知識

●ヒーヨ、ヒーヨと鳴くから、ヒヨドリ。

●カッコウ、カッコウと鳴くから、カッコウ。

●馬のいななきのように、ヒヒンヒヒンと鳴くから、こまどり（駒鳥）。

●ブッポウソウは、ゲッゲッと鳴く。ブッポウソウと鳴くのはコノハヅクで、フクロウの仲間。

●カラスという鳥はいない。
　・ハシボソガラス…クチバシがスマート。
　・ハシブトガラス…クチバシが太い。

●白鷺は４種類。体の大きさの小さい順に、アマサギ→コサギ→チュウサギ→ダイサギ。

●ウグイスは、春の初めは上手く鳴けないが、地鳴き（ケキョ、ケキョ、ケキョなど）を繰り
　返しているうちに、ホーホケキョと上手く鳴くようになる。

●ウソという鳥がいるが、これはほんとうの話。

2　近郊の里山・河川等でのあそび

●執筆者紹介

青木好子（あおき　よしこ）
　京都教育大学教育学部卒業、京都府立医科大学大学院保健看護研究科修了、修士（保険看護学）。
　現在、京都学園大学准教授
　著書:『伝承遊びアラカルト――幼児教育・地域活動・福祉に活かす』（共著、昭和堂、2009 年）
　『絆づくりの遊びの百科』（共著、昭和堂、2012 年）

池田一雄（いけだ　かずお）
　日本体育大学体育学部体育学科卒業。
　現在、京都市教育委員会体育健康教育室体育参与。

関岡友希（せきおか　ゆき）
　大阪体育大学体育学部体育学科卒業、大阪体育大学大学院スポーツ科学研究科博士後期課程単位取得
　後退学。
　現在、帝塚山大学・神戸女学院大学非常勤講師。

中川善彦（なかがわ　よしひこ）
　京都教育大学教育学部卒業（特修体育学科）。
　現在、佛教大学非常勤講師。
　著書:『伝承遊びアラカルト――幼児教育・地域活動・福祉に活かす』（共著、昭和堂、2009 年）

佐東恒子（さとう　つねこ）
　日本女子体育短期大学卒業（体育科）。
　現在、華頂短期大学・佛教大学非常勤講師、復活幼稚園講師。
　著書:『伝承遊びアラカルト――幼児教育・地域活動・福祉に活かす』（共著、昭和堂、2009 年）
　『絆づくりの遊びの百科』（共著、昭和堂、2012 年）

伊佐　登（いさ　のぼる）
　立命館大学卒業（体育科）。
　スポーツ指導員（山岳指導）・アシスタントマネージャー、自然保護指導員、日本野鳥の会・視覚障
　害者山の会等会員。
　著書:『体育遊びアラカルトⅡ』（共著、実務研修社、1984 年）
　『手づくりコミュニケーションワーク』（共著、朱鷺書房、2004 年）

●協力者

　吉永有佳　日本メディカル福祉専門学校専任
　前田康子　復活幼稚園園長
　西村直喜　安心グループ代表、OSPC 身体活動研究会副会長
　行友伸二　淡路幼稚園園長
　松本幸代　OSPC 身体活動研究会役員

●編者紹介

西村　誠（にしむら　まこと）

　佛教大学文学部卒業（教育学科）、大阪体育大学体育専攻科体育学専攻修了。博士（教育心理学）。

　現在、大阪体育スクール主宰者、佛教大学教育学部・華頂大学非常勤講師、京都伝承あそび研究会・OSPC身体活動研究会会長。

　著書：『手づくりコミュニケーションワーク─楽しいひとときの演出を』（編著、朱鷺書房、2004年）

　『介護・看護現場のレクリエーション』（編著、昭和堂、2007年）

　『伝承遊びアラカルト──幼児教育・地域活動・福祉に活かす』（編著、昭和堂、2009年）

山口孝治（やまぐち　こうじ）

　京都教育大学教育学部卒業、神戸大学教育学研究科修士課程修了、兵庫教育大学大学院連合学校教育学研究科博士課程修了、博士（学校教育学）。

　京都市立藤城小学校・京都教育大学附属京都小学校教諭。

　現在、佛教大学教育学部教授。

　著書：『これならできる「キャリア教育」』（共著、明治書院、2006年）

　『体育あそび具体例集』（共著、タイムス、2007年）

　『伝承遊びアラカルト──幼児教育・地域活動・福祉に活かす』（編著、昭和堂、2009年）

桝岡義明（ますおか　よしあき）

　京都学芸大学（現、京都教育大学）卒業。

　（公財）京都府体育協会会長、（一財）京都府陸上競技協会名誉会長。

　著書：『京都大辞典』（共著、淡交社、1984年）

　『手づくりコミュニケーションワーク─楽しいひとときの演出を』（編著、朱鷺書房、2004年）

　『介護・看護現場のレクリエーション』（編著、昭和堂、2007年）

　『伝承遊びアラカルト──幼児教育・地域活動・福祉に活かす』（編著、昭和堂、2009年）

　『絆づくりの遊びの百科』（編著、昭和堂、2012年）ほか

新・体育あそびアラカルト

2018 年 3 月 30 日　初版第 1 刷発行

編著者　西　村　　　誠
　　　　山　口　孝　治
　　　　桝　岡　義　明

発行者　杉　田　啓　三

〒 607-8494　京都市山科区日ノ岡堤谷町 3-1

発行所　株式会社　昭和堂

振替口座　01060-5-9347

ＴＥＬ　(075) 502-7500/ ＦＡＸ　(075) 502-7501

ⓒ 2018　西村誠ほか

印刷　亜細亜印刷

ISBN978-4-8122-1728-3

＊落丁本・乱丁本はお取り替えいたします

Printed in Japan

本書のコピー、スキャン、デジタル化等の無断複製は著作権法上での例外を除き禁
じられています。本書を代行業者等の第三者に依頼してスキャンやデジタル化する
ことは、例え個人や家庭内での利用でも著作権法違反です